KB264294

마케팅,
생각의
천장을
없애라

마케팅, 생각의 천장을 없애라

초판 1쇄 발행 2010년 11월 9일

지은이 홍상진 · 이광수
펴낸이 김건수

펴낸곳 김앤김북스
출판 등록 2001년 2월 9일(제12-302호)
주소 서울시 중구 수하동40-2 우석빌딩903호
전화 773-5133   팩스 773-5134

ISBN 978-89-89566-52-6 03320

마케팅,
생각의
천장을
없애라

명저에서 배우는 마케팅 통찰

홍상진 · 이광수

김앤김
북스

Contents

04 이기는 방법은 따로 있다

05 베스트원보다 온리원이 낫다

06 디테일에 목숨을 걸어라

세상에는 치즈를 만드는 크래프트(Kraft Foods) 같은 회사가 700여 개 정도 있고, 피클 만드는 기업이 400여 개 되며 제과업체도 1000여 개 가까이 된다. 모두가 허쉬(Hershey Foods) 같은 유명업체는 아니어도 나름 이름 있는 업체가 그 정도이다. 그 많은 기업들이 치열한 한 판 승부를 벌이는 마케팅 현장은 그야말로 전쟁터가 따로 없다. 이들의 현란한 마케팅 기법과 물량공세가 펼쳐지는 그 한 복판에 『마케팅, 생각의 천장을 없애라』를 내놓게 되었다. 이 책은 정말 필요한 책이 될 것인가, 아니면 그저 그런 또 한 권의 책이 될 것인가?

하안거(夏安居)와 동안거(冬安居) 기간 동안 스님들은 용맹정진의 시간을 갖는다. 이 기간 동안 외부 출입은 물론이고 대화조차 엄격히 제한된다. 그야말로 묵언수행이다. 그런가 하면 천주교에서는 죽기 전에는 결코 세상에 나올 수 없어 침묵과 기도로 일평생을 보내는 봉쇄(封鎖) 수도원도 여럿 된다. 하지만, 현대인의 삶은 불교에서 말하듯 '무소의 뿔처럼 혼자서 가기'에는 너무나 많은 유혹에 둘러싸여 있다. 도시가 밤을 잃어 버린지 오래된 것처럼 우리 삶에서도 고요가 잦아든지 이미 오래다.

엄청난 정보의 향연 속에 도무지 모르는 게 없는 사람들이 넘쳐난다. 유명 연예인의 개인적인 취향부터 국제 정세에 이르기까지 막힘이 없다. 핸드폰에까지 침투한 인터넷 덕분이다. 한 두 번의 손놀림으로도 지구 반대편 소식까지 생생하게 꿰차고 있다. 하지만 거기까지다. 그렇게 보일 뿐이라는 것이다. 자신의 생각을 갖지 못한 채 쏟아지는 정보를 보고 듣고 옮겨 전하기만 하는 이들에겐 홀로 고민하면서 터득하는 깨달음이 드물다. 이들에겐 오랜 세월동안 켜켜이 쌓인 지혜를 찾아보긴 어렵다. 마케팅에 대해 모르는 사람도 없지만 마케팅에 대해 제대로 알고 있는 사람이 드문 이유도 바로 이 때문이 아닐까. 자신의 생각을 가지지 못하는 사람들은 간이역 같은 존재다. 기차들이 그냥 스쳐 지나가는 간이역 말이다. 말 많은 세상이지만 듣고 새길만한 말이 많지 않은 이유가 바로 그 탓이다. 이 책을 내놓으며 생기는 두려움의 또 하나! 과연 이 책은 새길 만한 내용이 있기나 할까?

김훈의 『자전거 기행』 머리말에는 이런 글귀가 나온다. "자전거를 타고 저어갈 때, 세상의 길들은 몸속으로 흘러 들어온다. 강물이 생사가 명멸하는 시간 속을 흐르면서 낡은 시간의 흔적을 물 위에 남기지 않듯이, 자전거를 저어갈 때 25,000분의 1 지도 위에 머리카락처럼 표기된 지방도·우마차로·소로·임도·등산로들은 몸속으로 흘러 들어오고 몸 밖으로 흘러나간다. 흘러오고 흘러가는 길 위에서 몸은 한없이 열리고, 열린 몸이 다시 몸을 이끌고 나아간다." 작가 김훈이 세상의 모든 길과 만나는 도구가 자전거라면 저자가 온갖 세상과 소통하는 채널은 바로 책이었다. 마케팅에 대한 책이 무척 많지만, 정작 마케팅적 영감을 주는 책이 흔치 않다는 사실을 깨닫게 된 것도 그렇고, 마케팅에 관한 책을 준비하는 과정에서 큰 도움을 받은 것도 모두 책이었다. 그렇게 책은 소중한 길잡이가 되었다. 한 장 한 장 밀어내듯 읽어나가야 하는 책! 사각거리는 종이의 속삭임 하며 책에서 풍기는 독특한 냄새를 벗 삼아 절대적인 시간을 요구하는 아날로그식 책읽기가 이어졌다.

『마케팅, 생각의 천장을 없애라』는 이런 과정에서 나온 책이다. 평생을 공부하며 살아야 하는 시대가 되었다고 말하는 대신, 공부하며 살아가고 있음을 보여주는 증거물이기도 하다. 책에서 직접 인용한 100여 권의 명저를 만난 건 그야 말로 큰 행운이었다. 아울러 이 책에서 직접 인용하지는 않았지만 함께 했던 다른 많은 책 역시 큰 축복이었다. 책이 책을 부르는 즐거운 경험에 저술기간 내내 행복했다. 이런 즐거움을 독자들에게 먼저 전하고 싶다. 비록 사정상 그 책들의 원본 전체를 둘러보지는 못하더라도 이 책을 통해 그 책들이 말하고자 했던 핵심을 둘러 볼 수 있게 된다면 더 바랄 것이 없다. 끝으로 이 책이 나오기까지 김앤김 북스 김건수 실장님의 도움이 컸다. 저자의 거친 원고가 좋은 편집자인 그의 시각에서 새롭게 다듬어지면서 책의 구성과 내용이 한결 나아졌다. 그럼에도 불구하고 책에 대한 모든 책임은 저자에게 있다. 오랜 기간 껴안고 있었던 이 책을 이제 세상 밖으로 보낸다.

01
생각의 천장을 없애라

경쟁이 치열한 산업사회에서 기업들은 차별화하고 경쟁 우위를
확보하기 위해 머리를 싸맨다. 하지만 처음부터 경쟁자가 없는
시장에서 시작한다면 어떨까?
치열한 경쟁이나 싸움이 없는, 물고기가 가득한 블루오션이
과연 존재하는 것일까? 퍼내고 또 퍼내도 재물이 끊임없이
쏟아져 나오는 그런 화수분(貨水盆) 같은 시장 말이다.
실제로 그런 시장은 어느 시대에나 있어 왔다. 예전에는
생각지도 못했던 분야가 지금은 엄청난 규모로 성장하는 걸
보면 블루오션은 꿈이 아니라 현실이다. 생수와 정수기, 휴대폰,
특급 택배 서비스, 김치냉장고, 편의점, 대형 마트 등은 예전엔
생각지도 못했던 것들이 아닌가.

월마트 신화의 탄생

"40대 중반의 한 남자가 벤 프랭클린(Ben Franklin)이라는 할인점의 일부를 관리하고 있었다. 그는 교외에 사는 사람들이 유통비용 때문에 물건을 비싼 값에 구매한다는 것을 알고 벤 프랭클린의 중역에게 지방 소도시에 할인점을 열 것을 제안했다. 하지만 경영진은 상식에서 벗어난 제안이라고 단칼에 거절했다. 5만 명 이하의 소도시에서는 할인 가격을 제시할 필요가 없다는 것이었다. 그래서 그 남자 자신이 1962년 알칸사스의 작은 도시에 첫 상점을 열었다. 30년 후, 상점은 42개 주에 1720개로 불어났으며, 해마다 150개의 상점을 새로 열고 있다. 90년에 이미 세계 최대의 소매점인 시어즈의 매출을 추월했고, 97년에는 1천억 달러 이상을 판매하는 거대한 조직으로 성장했다. 그 상점이 바로 월마트(Wal-Mart)이며, 그 사람이 월튼(Samuel M. Walton)이다."[1]

'경쟁자가 없는 시장' 하면 제일 먼저 떠오르는 게 '월마트'다. 월마트는 당시 할인점 분야의 절대 강자였던 케이마트(Kmart)가 없는 곳만을

---

1   "Hall of Fame", Fortune, March 23, 1992

골라 힘을 키웠다. 손자(孫子)는 "싸우지 않고 승리하는 것이 최고의 전략"이라고 말했다. 세계 최대의 유통업체 월마트 역시 그러한 전략으로 대성공을 거두었다. 월마트의 창업주인 샘 월튼은 대형 할인매장이 들어서기엔 인구가 너무 적어 울워스(Woolworth)나 케이마트 같은 대형 업체들은 꿈에도 생각하지 않은 곳에 진출해 점포를 세웠다. 1962년 아칸소 주의 작은 도시 로저스를 시작으로 중소 도시에 할인점을 연 월마트는 이후 무서운 기세로 성장해 나갔다.

월마트는 경쟁이 거의 없는 소도시를 중심으로 점포를 열어 그 지역을 완전히 석권했고, 여기서 나오는 이윤으로 좀 더 큰 도시에 진출하고 더 많은 매장을 세워 나갈 힘을 얻었다. 경쟁자가 없는 대도시 외곽과 중소도시에서 힘을 키운 월마트는 그 여세를 몰아 대도시로 사업을 확장할 수 있었던 것이다. 그리고 유통업계의 공룡이라 불리던 K마트와의 싸움에서 승리할 수 있었다. 샘 월튼 회장은 K마트를 이길 수 있었던 비결은 바로 K마트에 있었다면서 다음과 같이 말했다.

"나는 K마트를 이기기 위해 K마트에서 살다시피 했다. 나는 K마트의 모든 것을 배웠다."

샘 월튼이 세상을 떠날 때 그는 미국 최고의 부자였고 월마트는 소매업 분야에서 미국 최대 기업이 되었다. 아칸소 주 로저스에 첫 점포를 연 지 30년 만에 이루어 낸 성과였다.

골드코프 챌린지
콘테스트

골드코프(Goldcorp)는 금광업에 종사하는 유력 기업이다. 이 회사의 맥이웬 사장은 MIT 대학 강연에 참석했다가 리눅스(Linux)에 대한 얘기를 듣고 머리가 환해지는 느낌을 받았다. 점점 줄어드는 금 채굴량 탓에 자신과 회사의 미래가 불안해져만 가던 1999년의 어느 날이었다.

리눅스는 핀란드 헬싱키 대학에 다니던 리누스 토발즈(Linus Torvalds)가 개발한 유닉스 기반 PC 운영체제로, 리누스는 자신의 이름을 본 딴 리눅스 소스 코드를 완전 공개하였고 이에 열광한 전 세계 수백 만 명의 프로그래머들이 단일 운영체제의 독점이 아닌 다수를 위한 공개 원칙하에 자연스럽게 개발자 그룹을 형성해오고 있다.

맥이웬 사장은 골드코프의 직원들이 더 이상 금을 찾을 수 없다면, 수많은 지원자들의 참여로 리눅스가 끊임없이 나아지는 것처럼 골드코프도 수많은 외부인들의 도움을 받으면 어떨까 하는 생각이 들었다. 그의 생각을 실행에 옮기려면 리누스 토발즈가 했던 것처럼 소스 코드에 해당하는 광산에 대한 지질 정보를 모두 공개해야 한다는 점이 제일 큰 문제였다. 이는 무엇보다 광산업이 매우 은밀한 산업적 특성을 지니고 있고, 광산에 대한 지질 정보는 끝까지 지켜야 할 아주 중요한 것이었기 때문이다. 한마디로 회사의 재산을 송두리째 내버리는 행위나 다름없었다.

"2003년 3월, '도전! 골드코프(Goldcorp Challenge)' 콘테스트가 총 57만 5천 달러의 상금을 내걸고 개최됐다. 약 6,730만 평에 달하는 광산에 대한 모든 정보(무려 400MB)가 골드코프 웹사이트에 공개됐고, 콘테스트 소식은 인터넷을 통해 빠르게 퍼져 나갔다. 50여 개국에 흩어져 있는 진짜 꾼들 1천여 명이 바쁘게 데이터를 분석하기 시작했다. 몇 주 안에 세계 곳곳에서 골드코프 본사로 참가자들이 물밀듯이 밀려들었다. 예상했던 대로 전문 지질학자들도 있었지만 놀랍게도 대학원생, 컨설턴트, 수학자, 군 장교까지 있었다."[2]

콘테스트 참가자들이 레드레이크 광산에서 찾아낸 유력한 후보지는 110곳에 달했다. 놀라운 사실은 그중 절반 정도는 골드코프 스스로도 눈여겨보지 않았던 지점이었다. 더군다나 이들이 제안한 후보지의 80퍼센트 이상에서 220톤에 달하는 금을 채굴할 수 있었다.

콘테스트 방식은 지금까지 해 왔던 회사 탐사 팀의 작업 기간을 3년 가까이 단축시켜 주었을 뿐만 아니라 매출 1억 달러 기업을 90억 달러 규모의 기업으로 성장시켰다. 또한 생기를 잃고 사양화되던 온타리오 북부 광산 지역에 큰 활기를 불어넣었다.

덴마크의 블록 장난감 기업인 레고(LEGO)도 이와 유사한 경험을 한 적이 있다. 레고에서 마인드스톰을 개발했을 때의 일이다. 이용자들이 레고의 컴퓨터를 해킹해 마인드스톰 제어 장치 프로그램을 제멋대로

---

2 돈 댑스코트, 엔서니 윌리엄스. 위키노믹스, 21세기북스, 2009

바꾼 다음 이를 인터넷에 버젓이 올리는 일이 발생한 것이다. 초유의 사태를 맞은 레고 경영진은 숙고 끝에 사건을 키우는 대신, 프로그램 소스를 공개하는 쪽으로 결론을 내렸다. 마인드스톰의 프로그램 기밀을 만천하에 공개한 것이다. 그 결과 어떤 일들이 벌어졌을까?

"소비자들이 경쟁적으로 프로그램을 업그레이드시키는 과정에서 성능에 엄청난 혁신이 일어났다. 예전에는 단순 동작만 가능했는데 이후에는 계단 오르기 등 복잡한 동작도 가능하게 됐다. 탄력을 받은 레고는 2003년 아예 고객 스스로 온라인에서 레고 모델을 설계할 수 있게 했다. '레고 디지털 디자이너' 프로그램이 그것이다."[3]

레고 사의 제품 디자이너는 약 120명이라고 한다. 하지만 레고 디지털 디자이너 프로그램 운영으로 전 세계적으로 12만 명의 소비자 겸 제품 디자이너가 활동하고 있다. 그것도 돈 한 푼 받지 않고 스스로 원해서 하는 것이다. 레고 사는 이중 일부 적극적이고 뛰어난 서포터즈를 '레고 대사(deputy)'로 임명하고 본사로 초대해 그들의 공헌에 감사를 표했다.

---

3   이지훈. 혼창통(魂創通). 쌤앤파커스, 2010

동춘 서커스 vs 태양의 서커스

2009년 가을, 국내 최장수 공연예술 단체인 동춘서커스가 관객 급감으로 해체 위기에 빠졌다. 12월 공연을 끝으로 서커스단을 해체한다고 단장이 공식 선언했고, 동춘서커스를 기억하는 많은 사람들이 아쉬움을 표했다.

서커스가 사람들의 볼거리로 호황을 누리던 60~70년대에는 서커스단이 20여 개에 달했던 적도 있었다. 하지만 모두 사라지고 마지막 남은 동춘서커스마저 문을 닫게 된 것이다.

마지막 서커스단에 대한 국민적 아쉬움이 작용했던 것일까. 문화체육관광부와 노동부는 '사회적 일자리 창출 업무 협약'에 의해 단원 12명의 월급을 지원하기로 했다. 1인당 85만 원씩이다. 이로써 2009년 연말로 예정된 동춘 서커스는 간신히 해체 위기를 넘겼지만 어떻게, 또 얼마나 버텨낼지 예상하기 어렵다. 더 이상 사람들의 흥미를 끌지 못하고, 관객들로부터 외면당하는 서커스단의 앞날을 누가 예상할 수 있겠는가. 사람들은 말한다. 주위를 둘러보라고. 요즘 서커스 보는 사람이 누가 있냐고 한마디씩 거든다. 그래서 동춘서커스의 앞날은 더더욱 암

울하다.

70년의 역사를 자랑하는 동춘서커스가 역사의 뒤안길로 접어든 것은 관객들에게 더 이상 즐거움을 주지 못하는 동춘서커스의 문제일까, 아니면 서커스 자체가 이제는 낡고 시시해져 한물 간 비즈니스이기 때문일까? 만일 서커스 자체가 문제라면 다시 한 번 생각해 봐야 한다. 캐나다에 본거지를 둔 '태양의 서커스(Cirque du soleil)'가 보여 주는 행보가 예사롭지 않기 때문이다. 그들은 서커스라는 오래된 분야에서 끊임없이 새로움을 창조해 내고 있다. 다분히 아날로그적인 서커스를 디지털 엔터테인먼트로 변모시켜 대박 행진을 계속해 나가고 있다.

태양의 서커스 CEO인 기 랄리베르테(Guy Laliberte)는 캐나다 퀘벡 출신으로 일찍부터 서커스에 관심이 많았다. 하지만 그가 꿈꾸는 서커스는 동물이나 광대가 묘기를 부리는 기존의 공연이 아니라 전혀 다른 새로운 서커스였다. 서커스 이상의 서커스를 지향하며 브로드웨이 연극과 뮤지컬 요소를 가미하는 등 끊임없이 창의적인 시도를 선보이고 있다.

스페인어로 '환희'를 뜻하는 '알레그리아'는 태양의 서커스가 1994년 첫 선을 보인 공연으로, 전 세계 65개 도시에서 1000만 명 이상이 관람했다. 후속작('퀴담', '바레카이' 등)의 연이은 성공으로 태양의 서커스는 캐나다 최대의 문화예술 공연 업체로 거듭났다. '태양의 서커스'가 거두는 한 해 매출은 1조 원이 넘는다.

태양의 서커스는 관람료가 매우 비싸다. 동춘서커스에 비하면 최고 20배 이상이다. 하지만 놀랍게도 관중들은 전혀 돈이 아깝지 않다고 생각한다. 우리나라에서의 공연만 보더라도 2007년 한 해 동안 '퀴담'이 동원한 관객 수는 17만 명이 넘는다. 당시 서울에 마련된 상설 공연장

티켓은 기업들의 VIP 선물 품목으로 한때 품귀 현상을 빚기도 했다. 태양의 서커스가 가진 엄청난 관객 동원력은 어디서 비롯된 것일까?

동춘서커스	퀴담(Quidam)
성인 10,000원	VIP석 200,000원
어린이 8,000원	R석 110,000원

*동춘서커스는 2009년 공연, 퀴담은 2007년 국내 공연 기준임.

태양의 서커스는 기존 서커스에 연극과 오페라, 발레 등 다양한 장르를 덧붙여 세련미와 예술성을 강화하고 풍성한 볼거리를 제공함으로써 서커스를 외면했던 사람들을 서커스장으로 불러 들였다. 또한 당시에는 존재하지 않았던 기업 고객을 발굴했다.

김위찬 교수는 『블루오션 전략』에서 태양의 서커스에 대해 "높은 가격을 유지하되 스타 광대들이나 동물 쇼 등은 아예 배제하고 각종 요소를 가미해 예술의 결정체를 이룩했다."고 평가했다.

태양의 서커스와 동춘서커스의 운명을 갈라놓은 것은 바로 창조적 혁신 능력의 차이였다. 동춘서커스는 시대의 변화로 서커스 업종이 직면한 취약성을 개선하지도 새롭게 떠오르는 기회를 활용하지도 못했다. 기존의 낡은 비즈니스 모델을 과감히 내던져 버리지 못함으로써 새로운 모델을 구축하는 데 실패한 것이다.

혁신(革新)은 거죽을 새롭게 하는 것이다. 껍데기를 새롭게 바꾸는 것이니만큼 기존의 껍질을 벗겨 내는 고통도 뒤따르게 마련이다. 고통을 피하고 싶은 것은 누구나 마찬가지지만 고통을 피하려 하면 종종 바로 옆에 있는 희망과 구원도 함께 사라져 버리는 게 세상 이치다. 시대에 생각을 맞추고, 몸을 맞추어야 한다. 그래야 살아남을 수 있다.

타다카피의 공짜
비즈니스 모델

일본의 공짜 복사가게 '타다카피(Tadacopy)'는 자선 단체가 아니다. 오셔나이즈라는 기업이 운영하는 타다카피는 게이오 대학생들의 아이디어를 모태로 2006년에 세워졌다. 공짜 복사라는 전혀 수익이 날 것 같지 않은 서비스로 이 회사는 2007년 한 해 동안 2억 엔을 벌어들였다. 전년도 매출이 2200만 엔이었던 것에 비하면 1년 만에 매출이 10배가량 증가한 것이다.

공짜로 복사를 해 주고도 회사가 돈을 벌 수 있는 이유는 어디에 있을까? 답은 복사지 뒷면에 숨어 있었다. 타다카피의 복사지 뒷면은 일본의 대기업이나 학교 근처 사업장 광고로 가득하다. 백지인 뒷면을 광고 페이지로 활용한 것이다.

"많은 기업들은 광고 전단지를 통해 상품이나 서비스를 알리려고 한다. 하지만 과연 소비자들은 전단지를 얼마나 간직하고 기억할까? 그러나 타다카피의 복사지 뒷면을 활용하면 이런 고민은 해결된다. 필요에 의해 복사한 문서는 그냥 나눠 주는 전단지에 비해 훨씬 더 오래 간직된다. 광고주 입장에서는 돈도 적게 들 뿐더러 타깃 고객인 학생들이 더 오랫동안 보관하니 이보다 더 좋을 수는 없다. 무료로 복사를 하는 학생들이야 말할 것도 없다. 양쪽의 니즈를 모두 충족시킨 타다카피는 2년 만에 일본 전역 46개 대학으로 사업장을 확대했다."[4]

타다카피의 비즈니스 모델은 학생들에게 직접 돈을 받는 대신 제3자인 스폰서로부터 수익을 창출하는 것이다. 물론 수익의 매개는 타다카피의 경우 무료 복사이지만, 업종에 따라 다양한 형태의 서비스가 가능하다.

공짜 비즈니스 모델의 또 다른 사례로 2007년 8월, 영국의 음반업계를 발칵 뒤집어 놓은 프린스(Prince) 사건이 있다. 영국의 일간지 〈데일리메일〉이 일요판 신문에 프린스의 신작 앨범을 공짜로 끼워 넣은 것이다. 런던 콘서트 투어를 앞둔 프린스 입장에선 데일리메일의 홍보가 필요했고 데일리메일은 그들 나름대로 판매부수 신장을 위한 마케팅이 필요했기에 가능한 '사건'이었다. 프린스는 데일리메일에 끼워 넣은 300만 장의 CD 인세(약 560만 달러)를 손해 본 것 같지만 사실은 총 21회의 공연을 성공적으로 마쳤고(입장권 판매 2,340만 달러), 신문사 측으로부터 100만 달러의 저작권료를 별도로 챙긴 덕분에 결코 밑진 장사를 한 것은 아니었다.

이러한 공짜 전략은 다양한 비즈니스 모델과 결합해서 점점 더 범위를 넓혀 가고 있다. 일례로 유럽의 백색 가전업체 보쉬-지멘스(Boash-Siemens)는 청정개발체제(Clean Development Mechanism)와 결합하여 2008년 7월부터 저개발 국가에서 헌 냉장고를 새 냉장고로 바꿔 주는 서비스를 시작하고 있다.

---

4 김진동. 이기는 습관2. 쌤앤파커스, 2009

　"이 회사는 브라질의 전력회사와 제휴해 빈민층에게 고효율의 냉장고를 공짜로 나누어 주고 있다. 최신 냉장고를 공짜로 주고 대신 전기 소비율이 높은 구형 냉장고를 수거하는 것이다. 이후 구형 냉장고와 대비한 최신 냉장고의 전기 사용량 감소분과, 구형 냉장고의 HFC(수소불화탄소) 냉매 처리 분을 CDM 실적으로 인정받아 비용을 보전하는 방식으로 냉장고의 매출을 발생시키고 있다. 공짜로 물건을 주고도 수익이 발생하는 전형적인 공짜 경제 비즈니스 모델이다."[5]

　둘러보면 공짜 비즈니스 모델이 한둘이 아니다. 우리 시대 가장 대표적인 공짜 비즈니스 모델은 바로 구글(Google)이다. 구글은 세계 최초의 검색엔진 업체는 아니지만, 세계 최고의 검색 서비스를 무료로 제공하고 있다. 검색 서비스를 무료로 제공할 수 있는 것은 최고의 검색 서비스 이용자들을 자신들의 고객으로 확보하려는 광고주들이 있기에 가능하다.

5　이장우, 황성욱. 마케팅 빅뱅. 위즈덤하우스, 2009

QB 하우스
경쟁력의 비밀

일본의 이발 체인점인 QB 하우스는 '10분에 1,000엔'이라는 파격적인 커트 가격을 제시함으로써 새로운 시장을 창조해 내고 있다. QB 하우스가 새로운 시장을 만들어 낸 비결은 무엇일까? 그것은 바로 뭔가를 '하지 않는 것'이었다.

QB 하우스는 기존 이발소에서는 당연한 여러 가지 서비스들을 제공하지 않는다. 고객에게 샴푸, 드라이, 파마, 면도, 마사지를 제공하지 않으며 음료와 잡지, 화장실도 제공하지 않는다. 지폐 한 장으로 계산할 수 있어 거스름돈을 준비할 필요도 없다. 이발사가 고객과 애써 대화하려고 할 필요도 없다. 이와 같은 전략으로 비용을 줄여 커트 가격을 대폭 절감할 수 있었다. 샴푸대나 파마 도구를 갖출 필요가 없기에 창업 비용도 줄일 수 있었다.

또한 QB 하우스는 고객 가치를 높이기 위해 여러 가지 시도를 했다. 고객을 위해 창조한 가장 큰 가치는 시간 단축, 특히 대기 시간과 커트 시간을 줄인 것이다. 점포가 지하철이나 오피스텔 밀집 지역, 번화가 등에 주로 진출한 것도 그 이유에서이다. 과거에는 '이발소' 하면 휴일에 마음먹고 가는 곳이라고 생각하는 경우가 많았다. 매장이 거의 주택가나 동네 상점가에 위치해 있었기 때문이다. 그런데 주말에 가면 오래 기다려야 할 뿐만 아니라 커트에서 샴푸, 면도까지 받고 나면 거의 한 시간이 넘게 걸렸다. 여성들은 미용실에 가는 것이 즐거운 일이지만, 남성들에게는 휴일에 이발소 가는 것 자체가 번거로운 일이다. 더구나 비용도 3,000~5,000엔으로 비싼 편이다.

결국 QB 하우스는 고객이 들르기 편한 곳에 저렴한 매장을 냄으로써 고객 가치를 높였다. 바쁜 고객들이 잠시 짬을 내어 저렴한 비용으로 이발을 할 수 있도록 한 것이다. 면도는 집에서도 할 수 있기 때문에 꼭 필요한 커트 서비스만 제공했다.

QB 하우스는 주로 역이나 쇼핑센터의 화장실 옆에 매장을 내었다. 화장실에서 거울을 보다가 '온 김에 이발이나 할까?' 하는 생각에 바로 옆에 있는 QB 하우스를 찾기 때문이다. 만약 커트를 하는 데 한 시간이 걸리고 3,000엔이나 드는 이발소라면 '온 김에 이발이나 하고 갈까?'라는 생각을 하지는 못할 것이다. 게다가 한 시간씩 걸리는 이발소는 이미지를 고려해 화장실 옆에 매장을 낼 생각은 애당초 할 수도 없었을 것이다. 하지만 10분이면 충분한 1,000엔짜리 QB 하우스라면 얘기가 달라진다. 오히려 그런 점들이 QB 하우스에겐 기회이자 장점이 되었다.

 없애는 것도 혁신이다

폐교 위기에서 부활한 초등학교

폐교 위기에 몰렸던 한 시골 초등학교가 이 학교에 입학하려는 전학 희망자들로 문전성시를 이루고 있다. 벽지 학교라 할 만한 안성시 미곡초등학교가 그 주인공이다. 미곡초등학교의 공모 교장에 지원한 노락철 교장이 이루어낸 기적이었다.

노 교장이 부임할 당시만 해도 학생 수가 해마다 줄어들었고, 그러다 보니 정상 수업도 힘들어졌다. 남아 있던 학생들마저 다른 학교로 전학을 가는 등 상황은 악화일로였다. 그러던 학교가 다시 살아난 것이다. 당초 43명이던 학생 수는 2010년에 64명으로 50퍼센트 늘어났다.

노 교장은 부임과 동시에 원어민 교사를 채용하고 수학, 논술 등 다양한 학습 프로그램을 개발하는 한편, 학급당 15명 내외로 개인별 맞춤지도 학습을 실시했다. 등하교 시간에도 원어민 교사가 스쿨버스에 동승했고, 논술과 수학 등 방과후 학교에서는 외부 강사를 초빙해 수업을 맡겼다. 또한 골프 연습장을 설치해 골프 꿈나무를 키우기도 했다.

노 교장의 노력은 드디어 결실을 보기 시작했다. 학력평가 대회 수상은 물론 논술, 산문, 그리기 등 다양한 부문에서도 수상자가 늘어나면서 주변 학교의 주목과 부러움을 받게 되었다. 노 교장은 어떻게 미운 오리 새끼였던 미곡초등학교를 백조로 바꾸어 놓았을까?

우리는 미곡초등학교의 혁신에서 트리즈 원리를 발견할 수 있다. 노 교장이 의식했든 의식하지 않았든 그는 일종의 트리즈 원리를 이용해 혁신을 이루어 낸 것이다.

제거하다	교장의 권위 의식
줄이다	교장실 체류 시간, 시골 느낌의 한적한 분위기
늘리다	영어와의 접근 기회 확대(원어민 교사 동승), 스쿨버스 운행 범위 확대, 적극적인 홍보 및 유치 활동
첨가한다	골프 교육, 수준 높은 회화 수업, 개인별 맞춤 학습

트리즈(TRIZ)는 러시아어 'Teoriya Resheniya Izobretatelskikh Zadatch'의 약자로 창조적 문제 해결 이론을 뜻한다. 옛 소련 과학자 겐리히 알트슐러(Genrich Altshuller)가 전 세계 특허 200만 건 중 창의적인 특허 4만 건을 추출 분석하여 창조적 문제 해결에 사용되는 공통 원리를 찾아낸 것이다. 트리즈는 새로운 발상으로 획기적인 대안을 도출해야 할 때나 독창적이고 실천적인 대안을 구하려 할 때 유용한 도구이다. 트리즈는 몇 가지 핵심 원리로 이루어져 있다.[6]

- 나누어라(Segmentation)
- 필요한 것만 뽑아 내라(Extraction)
- 전체를 똑같이 할 필요 없다(Local Quality)

6 김효준. 창의성의 또 다른 이름 트리즈TRIZ. 인피니티북스, 2009

- 대칭이면 비대칭으로(Asymmetry)

- 여러 작업을 한 번에 동시에 하라(Consolidation)

- 하나의 물건을 여러 번 사용하라(Multifunction)

- 포개어 보라(Nesting)

- 미리 반대 방향으로 조치하라(Preliminary Count Action)

- 미리 조치하라(Preliminary Action)

- 사전에 예방 조치하라(Preliminary Compensation)

- 반대로 하라(Do it reverse)

- 직선형은 곡선형으로 바꾼다(Curvature Increase)

- 자유롭게 하라(Dynamic)

- 지나치게 혹은 부족하게(Partial or Excessive)

- 수평이면 수직으로(Dimension Change)

- 연속적이 아니라 주기적으로 하라(Periodic Action)

- 유용한 작용을 지속하라

- 유해하다면 빨리 진행하라

- 유해한 것은 좋은 것으로 바꿔라(Convert harmful to useful)

- 피드백을 이용하라(Feedback)

- 직접 하지 않고 중간 매개체를 이용하라(Intermediate)

통증을 잊게 하는 수면 내시경

수면 내시경은 마치 '통증이 없는 검사법'으로 알려졌다. 하지만 사람들이 아는 것과 달리 수면 내시경으로 통증이 완화되는 것은 아니다. 단지 환자를 잠들게 하여 검사 과정에서 통증을 자각하지 못하게 할 뿐이다. 수면 내시경은 기존 내시경과 비교해 볼 때 월등하게 나은 기술이 아니다. 손톱을 물어뜯는 사람들을 위해 만든 쓴맛 나는 매니큐어처럼 놀라운 기술은 아니지만 이런 제품에 대한 소비자들의 호응은 의외로 높다.

실제로 많은 혁신 제품이 품질 면에서 기존 제품보다 못한 경우가 많다고 크리스텐슨 하버드 대학 교수는 지적한다. 1955년에 출시된 소니의 휴대용 라디오의 경우, 기존 진공관 라디오에 비해 음질이 좋지 않았다. 하지만 소니는 휴대용 트랜지스터 라디오를 통해 10대들에게 남다른 즐거움을 제공했다. 집에서 가족과 함께 들을 필요 없이 나만의 장소에서 친구들과 음악을 들을 수 있는 기회를 제공한 것이다.

"10대들은 비록 성능은 좋지 않지만 휴대가 가능한 트랜지스터라디오 구입에 열을 올렸다. 그들이 원하는 것은 라디오 그 자체가 아니었기 때문이다."[7]

RCA가 만든 진공관 라디오에 비해 소니의 휴대용 트랜지스터 라디오는 여러모로 부족했다. 하지만 부모로부터 독립하길 원하는 청소년이라는 새로운 시장을 창출할 수 있었다. 마찬가지로 수면 내시경도 기존 내시경에 비해 기술적으로 향상된 제품은 아니었지만, 이용자들의 반응은 폭발적이었다. 더 나은 기술도 아니고 장비가 크게 개선된 것도 아님에도 그런 결과를 얻은 것은 수면 내시경이 검진 과정의 '고통'을 해결해 주었기 때문이었다. 트리즈 원리를 적용하자면 잠을 조금 '첨가해' 내시경 검사에 동반되는 고통을 '제거함으로써' 새로운 큰 시장을 연 것이다.

수면 내시경이 고통이라는 주제를 화두로 잡은 것이라면 잉글우드 종합병원은 수술 과정의 '출혈과 수혈'에 대한 고민을 통해 새로운 블루오션을 연 경우다. '무혈 수술'이라 부르는 새로운 수술법을 개발한 것이다. 당초 이 수술법은 종교적인 이유로 수혈을 거부하는 '여호와의 증인' 신도를 위해 만들어졌다. 그러나 의료 기술이 제 궤도에 오르자 당초에 목표로 했던 여호와의 증인 신도뿐만 아니라 일반 환자들까지 몰리기 시작했다. 사실 수술 받을 때 피 흘리는 걸 좋아할 사람이 어디 있겠는가.

"피가 나지 않는 수술이라는 속성을 개발하여 자기 것으로 소유함으로써 그들은 엄청난 차별화를 이루었다. 미국 22개 주는 물론이고 해외 10여 나라의 환자들까지 잉글우드 종합병원으로 몰려들고 있다."[8]

---

7 크리스텐슨 C. M. Christensen. 성장과 혁신. 세종서적, 2005
8 잭 트라우트, 스티브 리브킨. 튀지 말고 차별화하라. 더난출판사, 2000

웅진코웨이의 렌털 비즈니스

웅진코웨이는 정수기 시장에서 판매 위주의 방식을 벗어나 '렌털'이라는 새로운 비즈니스 모델을 처음으로 도입했다. 만일 웅진코웨이가 제품을 '팔아야 한다'는 기존 방식에만 머물렀다면 매출은 2,000억 원을 넘지 못했을 것이다. 하지만 경쟁이 극심한 '판매 위주의 시장'을 벗어나 '임대 방식'으로 사업 방식을 전환한 결과, 2008년 매출이 1조 3,000억 원에 달했고 국내 시장 1위를 고수할 수 있었다. 웅진의 윤석금 회장은 이렇게 자평하고 있다.

"여기에는 '남들과 다른' 생각, 즉 창조적 발상의 실천이 큰 힘이 됐다. 창조적 발상을 통해 놀랄 만한 성장을 이룬 것이다. 비슷비슷한 전략으로는 경쟁에서 이기지 못한다. 새로운 것을 꿈꾸는 창조적 발상과 그 실천이 바로 경쟁력이다."[9]

새로운 것을 꿈꾸는 창조적 발상이 있다면 어디서나 블루오션은 존재한다. 구매력이 떨어지는 개발도상국이나 저개발 국가 같은 나라에

---

9 윤석금. 긍정이 걸작을 만든다. 리더스북, 2009

서도 말이다.

아시아, 아프리카, 중남미의 가난한 나라들에는 하루에 2달러 미만으로 생활하는 저소득층이 인구의 상당 부분을 차지하고 있다. 40~50억 명 정도로 세계 인구의 80퍼센트를 차지하는 무시할 수 없는 규모다. 하지만 하루 2달러도 안 되는 수입으로 생활하는 이들에게 구매력이 있을 리 만무하다. 한마디로 빛 좋은 개살구인 이곳에서 블루오션을 발견한 기업이 있다. 바로 P&G다.

P&G가 발견한 블루오션은 인도의 샴푸 시장이었다. 그날그날 번 돈으로 생활해야 하기에 꼭 필요한 만큼만 사는 인도 사람들의 소비 습성에 착안한 것이다. 병째 사다 놓고 쓸 형편이 안 되는 인도인들의 구매 방식에 착안해 샴푸의 포장 단위를 최소화했다. 샴푸를 그날 쓸 분량만큼 살 수 있도록 일회용 팩으로 만들어 판매한 것이다. 일회용 팩 샴푸는 인도 시장에서 큰 선풍을 불러일으켰다. 그 결과 P&G가 인도에서 판매하는 샴푸의 총량은 미국 시장과 같은 규모가 되었다. 단순히 '포장 단위를 줄이는' 생각의 전환만으로 구매력이 낮은 시장에서 블루오션을 개척한 것이다.

굴러다니는 시계, 클러키

'클러키'는 주인이 제시간에 침대에서 일어나지 않으면 일어날 때까지 소리를 울리는 움직이는 탁상시계다. 주인이 잠이 덜 깬 상태로 시계 버튼을 누르면, 클러키는 바닥으로 뛰어내려 여기저기 굴러다니면서 주인이 완전히 깰 때까지 계속 울리게 되어 있다. 클러키를 멈추기 위해선 결국 침대에서 일어날 수밖에 없도록 만든 게 바로 이 시계의 핵심 포인트다.

핸드폰을 비롯한 각종 전자제품에 덧붙여진 시계 탓에 시계 수요는 점점 줄어들고 있다. 하지만 우리가 미처 몰랐던 '확실하게 깨워 주는' 시계의 새로운 기능을 발견하면서 새로운 시장이 열렸고, 그 문을 연 회사가 '난다(Nanda Inc)'다. 시계의 의미를 '단 1초도 틀리지 않는 정확성'으로만 한정했을 경우 결코 생각해 낼 수 없었던 신개념의 제품이었다. 이 제품에 대해 제조사가 적어 놓은 제품 설명은 이렇다.

"클러키는 당신이 제 시간에 침대에서 나오지 않으면 도망 다니며 숨는 자명종 시계입니다. 자명종이 울리고 당신이 선잠 버튼을 누르면, 클러키는 침대 옆에서 바닥으로 뛰어내려 닥치는 대로 여기저기 부딪히고 굴러다니면서 숨을 곳을 찾습니다. 자명종이 다시 울리면 당신은 일어나서 클러키를 찾아야 합니다. 클러키는 마치 숨바꼭질하듯 매일 새로운 장소를 찾아 숨습니다. 클러키는 자명종 시계를 강압적이고 짜증나는 대상이 아닌, 인간과 기술의 조화를 돕는 재미있는 물건으로 재해석하도록 고안되었습니다."[10]

시계와 관련된 또 다른 혁신 사례가 있다. '포커시스'라는 제품이다. 스테인리스강 재질로 된 몸체에 담긴 흰색 문자판 위의 아라비아 숫자 서체가 인상적이지만, 온·습도계가 함께 있는 외양만 봐서는 그리 남다른 제품이 아닌 듯싶다. 하지만 이 시계의 가장 큰 특징은 전혀 소리가 나지 않는다는 점이다. 초침이 없는 무소음 무브먼트 기술에 심플하고 인상적인 디자인으로, 비싸지 않으면서도 최고의 벽시계로 인정받고 있다. 윤광준의 『생활 명품』에 소개된 포커시스에 대한 평은 이렇다.

"무단계 이동하는 초침은 째깍째깍 소리가 나지 않는다. 작은 소리에도 신경이 날카로워지는 한밤중에는 벽시계의 초침 소리가 얼마나 크게 들리는지 잘 알고 있을 것이다. 무소음 무브먼트와 디자인이 결합한 포커시스 벽시계의 매력이다. 스스로 겪었던 불편을 개선하려는 인간의 노력이 맺은 결실이다. 포커시스를 디자인한 것은 섬세한 여성이었다. 나는 세계 어느 곳에서도 소리가 나지 않는 시계를 찾지 못했다. 자신이 느꼈던 불편함에 공감하는 사람들이 많을 것이란 확신으로 이를 해결한 집념은 정말 놀라웠다."[11]

그런가 하면 LG전자의 '메카 인디케이터 폰(Mecca Indicator Phone)'은 중동 사람들이 일정 시각이 되면 이슬람 성지인 메카를 향해 절을 한

---

10 리처드 탈러, 캐스 선스타인. 넛지Nudge: 똑똑한 선택을 이끄는 힘. 리더스북, 2009
11 윤광준. 윤광준의 생활명품. 을유문화사, 2009

다는 점에 착안한 제품이다. 알다시피 이슬람교도는 날마다 메카를 향해 절을 한다. 기도는 약 10분씩 하루에 다섯 번이나 한다. 기도가 곧 생활인 셈이다. 이때 메카의 방향을 정확히 아는 것이 무척 중요하다. LG전자는 바로 이 부분을 파고들었다. 사람들이 늘 휴대하는 핸드폰에 언제 어디서든 메카의 방향을 정확하게 알려 주는 기능을 추가함으로써 아랍인들 사이에서 큰 인기를 얻었다. 클러키가 '잠을 확실히 깨워 주는' 데 주목했다면, 메카폰은 '메카의 방향을 확실히 알려 주는' 데 주목한 결과였다.

오티스의 거울

통찰이란 존재하지 않는 새로운 것을 만들어 내는 것이 아니라, 이미 있던 것들을 다른 관점으로 살펴보고, 그 관계의 의미를 재조합해 내는 것이다. 새롭게 창조하기보다는 표면 아래 숨어 있는 진실을 발견하는 것으로, 이를 위해서는 지금까지와 다른 관점에서 바라보고 생각하는 남다른 노력이 필요하다. 속도가 관건이라 여겼던 엘리베이터 업계에서도 다른 관점에서 보면 그 중요한 '속도'가 실은 매우 주관적인 개념으로 바뀌곤 한다.

세계 최초로 엘리베이터를 만든 오티스(OTIS)도 사업 초기엔 느린 속도 때문에 어려움을 겪었다. 하지만 속도 향상을 위한 개선 작업의 성과는 더뎠다. 무엇보다 기술력이 뒤따라 주지 않았기 때문에 기술진은 물론 경영진에서도 골머리를 앓았다. 하지만 의외의 방법으로 이 같은 고민을 한방에 날려 버릴 수 있었다. 한 여성 엘리베이터 관리인의 아이디어가 그 해결책이었다.

"그녀가 제시한 해결책은 바로 엘리베이터 안에 거울을 달아 놓는 것이었다. 이용자들은 거울을 보느라 엘리베이터가 느리다는 사실을 알아채지 못했다. 오티스는 더 빠른 엘리베이터를 설치하는 대신 이용자들의 시간에 대한 감각을 바꾸어 놓은 것이다."[12]

느린 엘리베이터의 문제점을 '속도'가 아니라 '볼거리'를 통한 시간 떼우기로 해결한 OTIS의 사례는 오늘날에도 그대로 이어지고 있다. 아이폰 내장 카메라의 경우 작동하는 데 약간의 시간이 걸린다. 엘리베이터 안에서 따분해하던 사람들처럼 아이폰으로 촬영하려는 이들 역시 이 시간이 무척 길게 느껴질 수 있다. 애플은 이 문제를 간단한 방법으로 해결했다. 바로 아주 잘 만든 애니메이션으로 사람들의 마음을 뺏는 것이었다. 그 결과 사람들은 더딘 작동으로 인해 스트레스를 받기는커녕 기다리는 시간마저 즐겁게 받아들이게 됐다.

"아이폰에서는 카메라 기능을 가동할 경우, 우선 셔터가 닫히는 그림을 표시하고, 카메라 모드로 전환 중임을 사용자가 알도록 했다. 그 시간 동안 카메라를 준비하고, 카메라가 준비되면 셔터가 다시 열린다. 간단한 애니메이션 효과를 가미했을 뿐인데, 사용자가 따분하게 기다리는 시간을 즐거운 체험으로 변환시킨 것이다."[13]

---

12 신병철. 통찰의 기술. 지형출판사, 2008
13 하야시 노부유키. 스티브 잡스의 위대한 선택. 아이콘 북스, 2010

아이디어 주식시장

소프트웨어 기업, 라이트솔루션스(Rite-Solutions)는 여러 가지 면에서 유별난 기업이다. 미국 로드아일랜드 주 뉴포트에 있는 이 회사는 수많은 소프트웨어 업체들 중에서 뛰어난 실적을 올리는 것은 물론, 출시하는 제품들마다 업계의 비상한 관심을 받고 있다. 라이트솔루션스의 탁월한 성과는 '아이디어 주식시장'이라는 독특한 운영 시스템에서 나온다.

아이디어 주식시장은 주식 대신 '아이디어'가 거래된다는 것 말고는 일반 주식시장과 비슷하다. 먼저 회사에 입사한 사람은 사내 주식시장에서 사용할 자금인 오피니언 머니(opinion money) 1만 달러를 받는다. 사내 주식시장에는 기존 직원들이 올려 놓은 수많은 예비 프로젝트 아이디어가 있고, 직원들은 거기에 자신의 아이디어를 새롭게 올리거나 기존 아이디어에 오피니언 머니를 투자할 수도 있다. 사내 주식시장이긴 하지만 좋은 아이디어에 투자하기 위해 직원들은 다른 사람들이 올려놓은 아이디어들을 세심하게 살펴본다.

"관심을 끄는 아이디어가 있으면 직원들은 그 아이디어를 향상시킬 방법에 대한 평가나 비판을 내놓는다. 이것은 관심 머니(interest money)라 불리는데, 관심 머니는 오피니언 머니보다 두 배의 가치가 있다. CEO인 라보이와 마리노는 직원들이 내놓은 의견들을 통해 관심 정도를 가늠한다. 하지만 이익을 현실화하려면 직원들이 그 아이디어에 실제로 일하는 시간을 투입해야 한다. 시간투자 단계라고 불리는 이 단계야말로 매우 중요하다. 제도판 위의 아이디어를 현실 세계로 옮겨 주기 때문이다. 그것은 복잡하지 않다. 직원들은 그저 '이런이런 일을 수행해야 하는데, 제가 그 일에 두 시간을 쓰겠습니다.'라는 식으로 말만 하면 된다. 이렇게 하나의 아이디어는 여러 사람의 손을 거쳐 값진 것으로 구현된다."[14]

경영진은 항상 아이디어 주식시장을 주시한다. 누구의 아이디어에 가장 많은 투자액이 유치되었는지, 혹은 어떤 아이디어에 가장 많은 관심이 쏠리는지를 살피는 것이다. 그리고 그 아이디어 중에서 일부를 채택하고, 아이디어 제안자를 팀장으로 삼은 다음, 거기에 투자하겠다는 직원들로 팀을 구성해 새로운 프로젝트를 추진한다.

아이디어 주식 시장은 사업 아이디어 자체도 중요하지만, 더 중요한 것은 직원들로 하여금 자발적으로 비즈니스를 개척하도록 동기를 부여한다는 것이다.

---

14 그레고리 번스. 상식 파괴자. 비즈니스맵, 2010

02
소비자의 마음으로 시장을 읽어라

'도끼', '망치', '나무', '톱'. 이 네 가지 중에서 불필요한 한 가지를 빼내라고 한다면 당신은 어떤 것을 선택하겠는가? 아마도 우리들 중 대부분은 '나무'를 빼낼 것이다. 왜? '도끼', '망치', '톱'은 연장이고 '나무'는 재료이기 때문이다. 이러한 추론의 과정은 '연장'과 '재료'라는 추상적 지식을 우리가 습득하고 있고, 이 지식의 맥락에서 '도끼', '나무' 등의 정보들이 의미를 갖고 있기에 가능하다.

러시아의 벌목공에게 똑 같은 질문을 던졌더니 전혀 의외의 대답이 나왔다. 이들 네 가지 중에서 불필요한 것은 '망치'라는 것이다. 이들에게 '나무'를 뺀 연장들은 아무 소용이 없다. 그렇기에 '나무'는 절대 뺄 수 없는 것이다. 물론 '망치'도 필요하지만 다른 것들에 비해 상대적으로 덜 중요하기에 '망치'를 뺄 수 있다는 것이다.[15]

---

15 김정운. 노는 만큼 성공한다. 21세기북스, 2005

P&G 팸퍼스가 일본에서
실패한 이유

다양한 환경이 서로 다른 생각들을 만들어 낸다면, 사람들에 따라서 그 시장의 특성도 달라진다.

팸퍼스는 P&G가 자랑하는 아기 기저귀 1등 브랜드다. 바로 그 팸퍼스가 일본 시장에 진출하면서 큰 좌절을 경험하게 된다. 일본 시장의 극심한 가격 전쟁, 복잡한 마케팅 시스템, 법규와 같은 사회적 요인 때문이었지만, 무엇보다 곤혹스러웠던 것은 미국과 전혀 다른 일본 어머니들의 습관이었다.

팸퍼스는 오줌을 완벽하게 흡수해 항상 뽀송뽀송하다는 점을 강조했다. 하지만 시장의 요구는 기저귀의 흡수가 아니라 완벽한 착용감이었다. 미국에 비해 자주 기저귀를 갈아 주는 일본에서는 흡수력이 다소 떨어져도 큰 문제가 되지 않았던 것이다. 비록 초기 진입에는 실패했지만 P&G는 큰 교훈을 얻을 수 있었다. '성공하기 위해서는 시장을 읽어야 한다'는 점이었다.

P&G는 팸퍼스의 참패를 거울삼아 3년 후 생리대를 가지고 일본 시장에 다시 도전하게 된다. 총 1만 명의 일본 여성을 상대로 '일본 시장

에 맞는, 일본 여성을 위한' 제품 개발에 나서 수없이 많은 제품 테스트를 이어 나갔다. 착용감을 특히 중시하는 일본 여성들의 취향을 고려함은 물론, 다소 왜소한 일본 여성들의 체격을 감안하여 다른 나라에 비해 좀더 아담한 사이즈로 디자인했다. 아울러 제품 사용을 위해 포장을 뜯을 때 소리 때문에 여성들이 쑥스럽지 않도록 소리가 나지 않는 포장 재료를 사용하는 등 세심한 정성을 기울였다. 이렇게 나온 제품이 바로 '위스퍼'다. 시장의 요구에 귀 기울였던 P&G는 팸퍼스의 참패를 딛고 생리대 시장에서 절대 강자의 자리를 차지할 수 있었다. 이 모두가 일본 소비자들을 면밀히 관찰하고 이해한 결과였다.

프랑스 치즈 VS 미국 치즈

치즈 하면 가장 먼저 떠오르는 나라가 프랑스다. 프랑스에는 365가지가 넘는 치즈가 있다고 한다. 지금은 고인이 된 드골 대통령은 "매일 치즈를 바꿔 먹는 국민을 통치하는 것은 불가능하다"고 말하면서 대통령직을 사임하기도 했다.

대통령의 하야 성명에 언급될 정도로 프랑스 사람들의 생활 곳곳에 치즈가 자리잡고 있다. 심지어 그들은 디저트로 치즈를 먹는다. 프랑스 사람들에게 있어 치즈란 '살아 있는 존재'다. 치즈 가게에 가면 프랑스 사람들은 치즈를 찔러 보고 냄새도 맡아 보면서 치즈의 숙성 정도를 살핀다. 그렇게 고른 치즈를 우리 식으로 따지면 아파트 뒷베란다에 공기가 통하는 덮개가 있는 그릇에 넣어 실온에 보관한다. 이때 공기는 반드시 통하게 둔다. 왜냐하면 치즈가 숨을 쉴 수 있어야 하기 때문이다.

반면 미국인들에게 치즈는 '완성품'이다. 미국 내에서 소비되는 모든 치즈는 저온살균법을 통해 멸균 과정을 거친 제품들뿐이다. 미국으로 유입되는 그 어떤 치즈도 이 기준에서 예외일 수 없다. 한마디로 살균되지 않은 치즈는 유통이 금지된다. 프랑스와 달리 '이미 죽어 버린 존재'

로서의 치즈는 당연히 밀폐 용기 포장되어 외부와 차단된 상태에서 유통되어야 한다. 치즈는 미국과 프랑스 두 나라 모두에서 사랑받는 식품이지만 치즈에 대한 생각과 대접은 이렇게 다르다.

한때 EU(유럽연합)에서 치즈의 저온살균을 법으로 의무화하자는 주장이 제기된 적이 있었다. 미국에선 너무나 당연한 내용이었음에도 불구하고, 프랑스에서는 격렬한 반대 시위가 이어졌다. '이미 죽어 버린 제품'을 유통시키는 저온살균이 프랑스에서 받아들여질 리 만무했다. 확실히 미국과 프랑스 두 시장은 서로 달랐다.

두 나라의 이러한 문화적 차이는 식사 장면에서도 엿볼 수 있다.

"미국에서는 고급 식당에서도 사람들이 되도록 음식을 빨리 먹기를 원한다. 한편 프랑스인은 슬로푸드(slow-food)라는 개념을 창안했다. 그들은 요리를 빨리 만들 수 있어도 그렇게 하지 않는다. 우선 손님을 위해 분위기를 조성하고 나올 음식에 대해 기대감을 갖게 하는 것이 중요하다고 믿기 때문이다. 미국에서는 고기, 생선, 채소 등 여러 가지 음식들을 한 접시에 담는다. 그렇게 하는 것이 음식을 차리는 가장 효율적인 방법이기 때문이다. 프랑스에서는 음식 종류마다 각기 다른 접시들을 써서 음식 맛이 뒤섞이지 않게 하고, 손님이 준비된 요리들을 따로따로 즐길 수 있게 한다. 미국인들은 어떤 음식이든 풍부한 양을 좋아하며, 차려진 음식을 남김없이 먹는 것을 목표로 삼는다. 프랑스 음식은 1인 분의 양이 매우 적은데도 저녁식사가 끝났을 때 접시나 포도주 잔이 비어 있으면 천박하게 여긴다. 미국인들은 식사가 끝나면 '배가 부르다'고 말하고 프랑스 인들은 '맛있었다'고 말한다."[16]

---

16 클로테르 라파이유. 컬처코드. 리더스북, 2007

지오지오의 미국 알아가기

　지오지오는 이탈리아의 한 작은 마을의 가정용품 판매점이다. 무늬를 직접 새겨 넣은 아름다운 에스프레소 잔과 사용이 편리한 포크 제품 등에 대한 평판이 자자해지면서 이 시골마을 가게를 방문하는 외국인들의 숫자도 조금씩 늘어나기 시작했다.

　지오지오 매장을 방문하는 어떤 미국인들은 합작을 제안하기도 했다. 하지만 지오지오는 이런 제안들을 하나같이 거절했다. 순탄하게 진행되던 비즈니스에 만족했기 때문이었다. 하지만 미국에도 지점을 내달라는 고객들의 잦은 요청에 마침내 워싱턴 D.C. 외곽에 매장을 열었다. 그러나 어찌 된 영문인지 매출은 당초의 기대를 크게 저버린 수준이었다. 지오지오의 관계자들을 당황스럽게 만든 또 다른 이유는 이 매장의 방문객 수는 이탈리아의 매장에 비해 월등히 높았다는 점이었다.

　매장을 방문하는 사람들의 숫자는 많은 데 비해 매출은 턱없이 저조하다는 사실! 하지만 그 누구도 이러한 모순에 대해 속 시원한 해명을 주지는 못했다. 마침내 그들은 고객의 행동을 유심히 살펴보기로 했다. 도무지 알 수 없는 문제의 해답을 고객의 행동을 통해 알아보려 한 것이다. 그러고는 매장이 한눈에 내려다보이는 곳에서 고객들을 살펴보기 시작했다. 조사 결과 고객들이 가장 많은 관심을 보인 것은 '여섯 개 묶음의 6온스짜리 물컵 세트'와 '낱개 판매의 16온스짜리 꽃병'이었다.

지오지오 매장을 찾은 고객들은 물컵 세트를 들었다가 다시 내려놓고는 꽃병이 진열된 곳으로 갔다. 대부분의 고객들은 하나같이 고개를 갸우뚱거리면서 들었던 꽃병을 다시 내려놓았다. 그러기를 수차례 하다가는 이내 함께 온 일행들과 몇 마디 말을 나눈 다음 매장을 빠져나가는 게 아닌가. 기껏 보았던 물컵 세트는 물론 꽃병도 사지 않은 채 말이다. 그래서 손님들에게 제품에 대해 물었더니 의외의 답변이 나왔다.

"너무 아름다워요. 그런데 왜 꽃병을 여섯 개씩 묶어 파는 거죠? 꽃병을 여섯 개씩이나 살 일은 없는데. 그리고 물컵은 왜 하나씩만 파는 거죠? 네다섯 개씩 묶어서 팔면 좋으련만."

이탈리아의 지오지오 매장에서 물컵과 꽃병으로 판매되는 제품을 미국 사람들은 그 반대로 꽃병과 물컵으로 받아들인 것이었다. 그들이 보기에 꽃병인 것은 여섯 개씩 묶어 팔고, 대신 가족 수만큼 필요한 물컵은 낱개로 팔고 있었다. 이탈리아에서는 누구나 꽃병으로 생각하는 16온스짜리 제품을 물을 많이 마시는 미국 사람들은 너무나 당연하게 물컵으로 받아들인다는 것을 발견한 지오지오 관계자는 비로소 그들이 이탈리아와는 전혀 다른 낯선 시장에 와 있음을 실감하게 되었다. 이후 지오지오의 CEO는 이렇게 말했다.

"고객이 생각하는 것이 바로 제품이며, 내 생각 따위는 중요하지 않아. 나는 고객과의 대화를 통해 고객이 원하는 걸 배울 수 있었네."[17]

---

17 세스 고딘 등. 빅무THE BIG MOO. 2006

네스카페가 초기에
고전한 이유

시장조사 혹은 고객 만족도 조사는 기업에서 흔히 하는 조사 기법이다. 그러나 조사 목적과 달리 일반적인 소비자 조사를 통해선 문제의 원인을 알아내지 못하는 경우가 있다. 조사 방법이 가지는 한계일 수도 있고, 심지어 소비자들 스스로가 원인을 인식하지 못해 생기는 경우도 있다. 그런가 하면 고객이 제품의 무엇이 마음에 안 들고 특히 무엇이 부족한지를 잘 모르거나 혹은 알더라도 표현력이나 감각이 부족할 경우 시장조사로 큰 도움을 받기란 어렵다. 더욱이 첨단 제품과 같이 소비자가 미처 생각지도 못하는 제품과 관련될 경우 더더욱 그러하다. 그래서 디자인 및 아이디어 컨설팅 회사 아이디오(Ideo)는 시장조사를 하지 않는다고 한다. 고객들이 중요한 정보를 내보이지 않기 때문에 시장조사가 별 의미가 없다고 말하기도 한다.

이런 시장조사의 맹점을 해결하는 방법으로 투사법(Projective Technique)이란 게 있다. 마치 남의 이야기인 것처럼 조사한 후 그 결과를 조사에 응했던 피조사자의 생각으로 보는 방법인데, 기존의 시장조사에 비해 훨씬 더 섬세한 조사가 가능하다. 투사법을 이용한 대표적인

사례 중 하나가 네슬레의 인스턴트커피 '네스카페'에 관한 소비자 조사
이다.

7년이라는 긴 연구 끝에 네슬레가 '네스카페'라는 이름으로 1938년
에 출시한 최초의 인스턴트커피는 전세계적으로 1초에 3,000잔 이상
팔리고 있다. 하지만 처음부터 대박을 거둔 것은 아니었다. 오히려 힘들
게 개발에 성공했으나 웬일인지 제품이 팔리지 않아 무척 당황스러웠
다고 한다. 개발진은 물론 경영진을 더욱더 혼란스럽게 만든 점은 블라
인드 테스트(blind test)에서도 기존의 원두커피와 별 차이가 나지 않아
품질 면에서도 뒤지지 않는데다가, 가격도 비슷비슷 했다는 점 때문이
었다. 그야말로 인스턴트커피가 부진을 면치 못하는 이유를 도무지 알
수 없었던 것이다.

이에 네슬레는 주부들을 대상으로 인스턴트커피 구매를 꺼리는 이유
를 조사했다. 하지만 어찌 된 영문인지 소비자들이 이구동성으로 원두
커피에 비해 향기와 맛이 떨어진다고 말하는 게 아닌가. 하지만 그것은
사실이 아니었다. 블라인드 테스트에서는 그런 얘기가 없었던 것이다.
그렇다면 소비자들인 주부들이 사실과 다른 얘기를 하고 있다는 것인
데, 과연 주부들의 속마음은 어땠을까?

"100명의 주부들을 두 그룹으로 나누어 각 그룹의 주부들에게 가상
부인들의 쇼핑 목록을 보여 주었는데, 한 쇼핑 목록에는 네스카페 인스
턴트커피, 다른 쇼핑 목록에는 원두커피가 들어 있었다. 이후 가상의 부
인들에 대해 묘사하라고 하자, 주부들은 네스카페 인스턴트커피를 구
입한 부인을 원두커피를 사려는 부인에 비해 상대적으로 게으르고 낭

비가 심한 사람이라고 묘사했다."[18]

　원두커피에 비해 복잡하지도 번잡스럽지도 않은 세계 최초의 인스턴트커피가 주부들로부터 홀대받았던 이유는 전혀 다른 곳에 있었다. 인스턴트커피를 사게 될 경우 게으른 주부로 비춰질지 모른다는 우려가 인스턴트커피가 주는 편리함을 압도한 것이다. 이후 네슬레는 인스턴트커피의 광고 컨셉을 '편의성'에서 '일상생활에서 꿋꿋하고 당당한 여성'으로 전환함으로써 인스턴트커피 시장을 열 수 있었다.

18　구자룡. 마케팅 2.0 iWom(아이웜). 동아일보사, 2007

영리한 2등 전략

경복궁을 앞두고 있는 고풍스러운 분위기에 화랑과 카페 등 멋스러
운 가게들이 즐비한 삼청동에 '서울에서 두 번째로 맛있는 집'이라는
독특한 간판을 달아 놓은 단팥죽 가게가 있다. 아주 오래된 집이고 맛으
로도 유명한 집이다. 하지만 '원조'와 '진짜 원조', '맨 처음 생긴 집'들
이 난무하는 가운데 최고가 아니라 두 번째라며 다소곳이 몸을 낮추는
그 가게의 모습이 더 정겹다. 그런가 하면 떡볶이로 유명한 신당동에도
수많은 원조집들이 포진해 있다. 하지만 모두들 원조를 표방하다 보니
누가 진짜 원조인지 알 길이 없다. 하지만 그 와중에서도 한 집이 눈에
띈다. '비밀을 알아 버린 며느리'.

스스로 원조나 최고라 칭하지도 않았지만, 적어도 이 집에서만큼은
실망하고 나올 것 같지는 않다. 적어도 2등은 확실히 보장하지 않겠는
가. 원조는 아니지만 시어머니의 비법을 캐낸 며느리가 운영하는 떡볶
이집이라면 맛은 어느 정도 보장된 것이 아닌가. 2등 전략은 못난 전략
이 아니다. 사이비 원조가 지천으로 널렸지만 무엇 하나 제대로 검증하
지 못하는 소비자들의 마음을 헤아린 '겸손해 보이지만 사실은 영악한'

전략이다.

　그런가 하면, 국내 라면 시장에서 압도적인 1위인 농심에 맞서 오뚜기가 2등 전략을 표방하며 내보낸 진라면의 광고 카피는 이랬다.

　"사실 우리나라에서 제일 많이 팔리는 게 진라면은 아닙니다. 하지만 아니면 어떻습니까? 이렇게 맛있는데 언젠가 1등 하지 않겠습니까?"

반영구적 엔진오일의 실패

　자동차 엔진오일의 교환 주기와 관련해서 정비업소에서 늘 하는 얘기가 있다. "신차는 5,000킬로미터마다, 일반 차는 1만 킬로미터마다 교체하면 된다"는 것이다. 간혹 교체 주기가 지나 정비소에 들르면 "이렇게 늦게 갈면 자신들은 뭘 먹고 사느냐?"는 핀잔을 듣기 십상이다. 하지만 깜빡하고 교환 주기를 지나쳐 버린 운전자 입장에서는 5,000킬로미터든 1만 킬로미터든 간에 여간 귀찮은 것이 아니다. 그럴 때면 가끔씩, 한 번 넣으면 평생 가는 엔진오일은 없을까 하는 생각을 하기도 한다. 하지만 이런 '꿈같은 생각'이 실은 현실이란 사실을 알고 있는가? 실제로 한 번 주유로 10만 킬로미터 이상 달릴 수 있는 반영구적인 엔진오일이 개발된 지 벌써 오래다. 그것도 국내 기술진에 의해 개발된 순수 국산 제품 말이다. 하지만 주위에서 그 제품을 사용하는 사람을 찾기란 그야말로 하늘의 별 따기다. 대중화되지 않았기 때문이다. 가히 혁명적이라 할 만한 제품이 대중화되지 않은 이유는 무엇일까?

　"기술적 결함이나 부품 교체가 어려워서? 아니다. 유통망의 판매 거부 때문이다. 엔진오일을 교체하는 카센터의 경우 주기적으로 엔진오일을 교체하면서 타이어, 휠얼라이어먼트 등 추가로 차량 수리에 대한 견적을 제공한다. 한마디로 정기적인 판매 기회를 갖는 것이다. 차 사고 나 고장을 제외하고 주기적으로 카센터를 찾는 일은 엔진오일 교체가 유일하기 때문이다. 이 유일한 고객과의 접점 기회를 10만 킬로미터 엔 진오일이 카센터로부터 뺏으려 했던 셈이다. 결국 10만 킬로미터 엔진 오일은 유통망인 카센터들을 경쟁자로 만들었기 때문에 시장에서 철저 하게 배제당했다."[19]

19 박항준, 민보연. The Market, 매일경제신문사, 2006

이창명의 라멘 가게가 망한 이유

'자장면 시키신 분~' TV 광고로 유명한 개그맨 이창명은 라면 가게를 열면서 성공을 자신했다. 그것은 기존의 평범한 라면이 아니라 별도 주문 제작을 통해 공급받은 생면으로 만들어 내는 '위면'이라는 제품이었다. 하지만 현실은 전혀 달랐다.

"라면 가게를 연 지 4개월이 지났는데도 손님은 손가락으로 셀 수 있을 정도였다. 내 딴에는 '라면의 고급화'를 선언하며 값비싼 인테리어를 하고, 주방장이 음식을 만드는 데 30분이나 걸렸으며, 일본까지 가서 포장지를 사 오고, 로고 디자인에 돈을 쏟아부었지만 라면은 라면일 뿐이었다. 나는 고객의 기본 인식과 니즈(needs)를 억지로 깨는 것은 거의 불가능하다는 것을 깨달았다. 라면은 누구나 손쉽게 노하우 없이 끓여 먹을 수 있는 것이 특징인데, 그것을 12,000원에 팔면서 '이건 라면이 아니라 예술이야!'라며 자기 환상에 빠졌던 것이다."[20]

시장을 제대로 파악하기란 이처럼 힘든 법이다. 이창명은 당시로서

---

[20] 이창명. 이창명처럼만 안 하면 30억 벌 수 있다. 중앙m&b, 2009

는 혁명적이라고 할 만한 오징어먹물 라면, 오렌지를 으깨서 라면과 함께 끓인 후 그 위에 날치 알을 뿌린 오렌지 라면, 라면을 끓여서 바로 얼음에 급랭해 쫄깃하게 만든 냉라면 등 특별 주문한 생면을 소재로 건강과 품위를 동반한 '위면'을 출시했지만 시장의 반응은 냉담할 뿐이었다. 라면에 와인까지 함께 팔아 보려 했으니 시장을 몰라도 너무 몰랐던 것이다. 그의 가게에 들어온 고객들의 한결같은 반응은 "라면 언제 돼요?"였다.

그에겐 라면이 아니라 예술이었을지 모르지만, 확실한 건 그만의 환상이었다는 점이다. 그에겐 라면이 고급 요리의 소재였을지 몰라도 고객들에겐 그저 라면일 뿐이었다. 그 라면을 12,000원에 판매했으니 더더욱 성공하기 힘들었다. 그가 라면 가게를 냈을 때, 일반 분식점의 라면 가격은 2,000~2,500원 선이었다. 그는 자신이 가진 남다른 라면 레시피에 대한 확신이 너무 커서 시장을 올바로 볼 수 없었다.

1등 세일즈의 비밀

한 유명 제약 회사의 세일즈맨인 A는 약사들에게 제품을 팔면서 약의 장점을 설명하는 법이 없지만 언제나 최고의 판매 실적을 기록했다. 그의 세일즈 비밀은 바로 판매 장려금에 있었다.

세일즈맨 A는 자신의 고객이 감기 환자들이 아니라 약국 주인들이란 사실을 명확히 깨달았다. 약국의 고객이야 당연히 환자들이지만, 적어도 세일즈맨 A에게 있어 고객은 그들이 아니란 점이었다. A는 약국 주인들에게 초점을 맞추었다. 그들의 주요 관심사가 무엇인지 생각해 보면 감기약의 효능 효과에 대한 안내보다 더 중요한 것이 있을 수도 있다. 당시 A가 거래하던 약국 주인 대부분의 관심사가 '수익'에 있었다. 그래서 A는 제품 홍보를 위한 교육을 받았지만 자신의 고객들에게 제품의 성분, 약효 등에 대해서는 단 한마디도 언급하지 않았다.

"A가 한 이야기는 돈에 관한 것이 전부였다. 그가 약사에게 한 것은 다섯 병당 한 병꼴로 무료로 제공하는 판매 장려금을 설명하면서 현금 쪽을 선호하는지, 무료 제품을 선호하는지를 물었을 뿐이다. 대부분 현금 쪽을 선호했다. 최고의 영업사원인 A는 감기약을 팔지 않고 다섯 병에 25,000원씩 하는 판매 장려금을 팔았던 것이다. 판매 장려금 쪽을 선택하고 나면 그는 '얼마를 받기 원합니까?'라고 물었다. 더 많은 돈을 원하는 것은 곧 더 많은 약을 구입하겠다는 의미였다. 대부분의 주인들은 이 선택에 주저함이 없었다."[21]

세일즈맨 A의 탁월한 성과는 '누가 고객이며, 고객이 원하는 것이 무엇인지' 알 수 있었기에 가능했던 일이다.

21 제프리 폭스. 레인메이커. 더난출판, 2002

자일리톨 껌의 부활

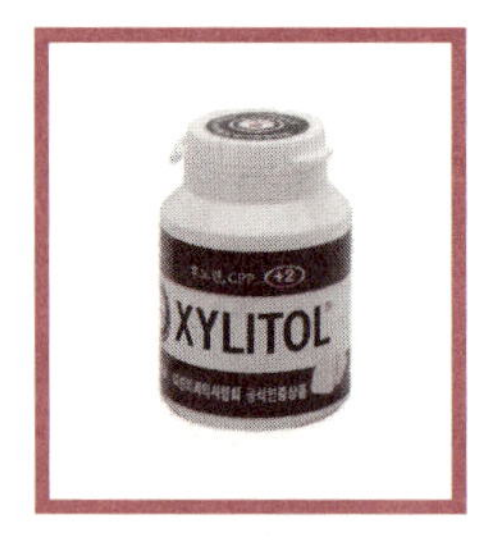

자일리톨 껌은 1997년 롯데제과에서 처음 출시되었지만 지금은 제
과 업체 중 자일리톨 껌 제품을 생산하지 않는 곳이 없을 정도로 큰 인
기를 끌고 있다. 롯데제과에서 자일리톨 제품을 처음 출시할 당시 시장
의 반응은 냉담했다. 당초 기대와 달리 매출 규모는 월 목표인 10억 원
에 훨씬 못 미치는 2억~3억 원대에 불과했던 것이다. 판매 부진의 원인
은 비싼 가격과 자일리톨에 대한 소비자의 인식부족에 있었다.

300원이면 살 수 있는 일반 껌들 사이에 500원짜리 자일리톨 F가 들
어설 자리는 없었다. 제조사 입장에선 원료의 가격이 설탕보다 13배가
량 높았기 때문에 500원이라는 가격이 '적정선'이었다. 하지만 자일리
톨의 효능 효과에 대해 알지 못했던 소비자 입장에선 500원은 넘기 힘
든 '부담선'이었던 것이다. 결국 회사는 제품 출시 6개월 만에 광고를
중단하고 매장의 제품도 모두 거둬들였다.

이후 개발진은 절치부심한 끝에 2000년 1월에 치과 병원에서만 판
매하는 2만 원짜리 자일리톨 제품을 재출시했다. 의료 기관 전용판매
방식을 택한 것은 자일리톨에 대한 소비자들의 인식을 새롭게 하기 위

한 개발진들의 남다른 전략이었다. 자일리톨 껌을 치과 전용 제품으로 출시할 수 있었던 것은 자일리톨이 설탕만큼 달지만 산화가 되지 않는 데다 충치까지 예방할 수 있다는 기능성 껌이었기에 가능했다. 운 좋게도 그해 4월 한 공중파 방송에서 핀란드 특집을 다루면서 자일리톨의 충치 예방 효능을 자세히 소개했다. 일반 매장에서는 철수했지만 롯데의 자체 편의점 유통망에서는 계속 판매되고 있던 자일리톨은 방송 이후 매출이 10배로 껑충 뛰었다.

이에 탄력을 받은 회사 측은 5월에 자일리톨 껌을 재출시했다. 97년의 참담한 실패를 다시 겪지 않기 위해 제품의 컨셉을 '의약품 같은 껌'으로 정하고 일반 껌과 달리 알약 모양으로 만들었다. 덧붙여 핀란드를 배경으로 '핀란드에서 아이들은 자기 전에 자일리톨을 씹는다'는 내용의 광고도 내보냈다. 소비자들은 껌 값으로 500원은 무척 부담스러워했지만, 의약품처럼 보이는 자일리톨 껌에 대해선 그 이상도 기꺼이 부담하려 했다. 그 결과 2000년 1,800억 원대에서 2002년 이후 껌 시장은 한때 3,500억 원대까지 규모가 커졌다. 그 시장의 70%를 자일리톨이 차지했다. 사업 초기, 시장을 읽어 내지 못해 눈물을 삼켰던 자일리톨은 제대로 시장을 이해함으로써 다시 한 번 부활할 수 있었다.

03

포지셔닝에 사활을 걸어라

"미국의 슈퍼마켓 한 곳에 진열된 브랜드 품목은 평균 4만 종이 넘는다고 한다. 그러나 한 가족에게 필요한 물품은 겨우 150여 종이다. 결국 슈퍼마켓에 진열된 나머지 3만 9,850종은 소비자로부터 버림을 받는 셈이다."[22]

그 많은 제품 가운데 어떻게 소비자들의 기억 속에 자리잡을 것인가? 브랜드의 홍수 속에서 자사 브랜드를 '어떻게 포지셔닝할 것인가'는 기업의 사활이 걸린 화두이다.

1980년, 광고 산업에 일대 혁신을 일으켰던 잭 트라우트와 알 리스의 명저, 『포지셔닝(POSITIONING)』[23]은 이렇게 말한다.

- 고객의 마음속에 파고 들어가라.
- 한 가지 간단한 메시지를 심어라.
- 그 메시지는 당신과 경쟁자를 뚜렷하게 구분 지을 수 있어야 한다.
- 한 가지에 초점을 맞추고 나머지는 과감하게 포기하라.

---

22 정상수. 스매싱. 해냄, 2010

23 잭 트라우트, 알 리스. 포지셔닝(Positioning). 을유문화사, 2002

스와치의 성공 비결

스와치는 스내지(snazzy)라는 제품을 2년에 한 번씩 한정 판매한다. 한정 판매되기 때문에 스와치 수집가들은 이 모델을 사기 위해 온갖 노력을 기울인다. 수십만 명의 경쟁자를 물리치고 시계를 구입한 '승리자'들은 자신이 구입한 스와치에 각별한 애정을 보이게 된다. 스와치 브랜드가 출시된 지 30년이 채 되지 않음에도 불구하고 세계적으로 유명한 크리스티 경매장 같은 곳에선 벌써부터 초기 모델을 놓고 경매를 벌이기도 한다. 당초 100달러를 밑돌던 스와치 제품이 골동품으로 취급되어 거래되는 가격은 6만 달러를 상회하기도 한다니 참으로 놀라운 일이다.

70년대 중반까지만 해도 스위스 시계의 명성은 최고였다. 그리고 그 명성에 걸맞게 가격도 언제나 최고였다. 하지만 70년대 후반 들어 심각한 도전에 직면했다. 홍콩과 일본제 시계가 스위스 시계의 10분의 1도 안 되는 가격에 물밀듯 쏟아졌기 때문이다. 스위스의 시계 장인들은 싸구려 제품이라 폄하했지만, 시장의 반응은 달랐다. 소비자들은 전자시계의 '정확성'에 한 번 놀랐고, '싼값'에 다시 한 번 놀랐다. 바야흐로 저렴한 시계의 대량 생산 시대가 열린 것이다. 이로인해 가장 큰 타격을 입은 곳은 바로 스위스였다. 수출량이 반 토막 났고, 시장점유율도 바닥이었다. 한마디로 스위스 시계 산업에 겨울이 찾아온 것이다.

이때 혜성처럼 나타나 스위스 시계 산업을 견인한 기업이 바로 스와치다. 고급 제품만을 고집하다 적자의 늪에 빠진 스위스의 대표 기업 ASAUG와 SSIH를 합병해 스와치를 설립한 주인공은 니콜라스 하이에크(Nicholas G. Hayek)였다. 일본 기업에 넘어갈 뻔했던 이들 기업을 인수, 합병한 그가 제일 먼저 한 일은 기존의 스위스 시계 이미지를 완전히 뒤바꾸어 놓는 것이었다. 1983년, 하이에크는 고가의 스위스 시계 대신 저가 브랜드 스와치를 내놓았다. 대담한 색상과 다양한 형태의 플라스틱으로 만든 캐주얼한 시계로 50달러 이하의 시계 시장을 공략하기 시작한 것이다. 이 가격대엔 이미 한국, 홍콩, 중국 업체들이 자리를 잡고 있는 상황에서 3개월마다 신 모델을 선보이는 스와치에 대한 초창기 시장의 평가는 "스위스 시계도 갈 데까지 갔다."는 반응이었다.

스위스 업체인 스와치가 50달러라는 저렴한 가격에 제품을 출시할 수 있었던 가장 큰 이유는 대대적인 공정 혁신이 가능했기 때문이었다. 먼저 시계의 외관에 해당하는 케이스를 금속에서 값싼 플라스틱으로 바꾸었다. 부품을 줄이고 수작업 대신 기계로 만든 쿼츠 모듈을 넣었으며, 생산 시설을 자동화한 덕분에 원가를 80% 이상 줄임으로써 저가 제품들과의 싸움에서도 경쟁력을 가질 수 있었다.

스와치의 가장 큰 성공 비결은 시간을 알려주는 기능을 넘어 패션의 완성과 자기 표현의 도구로서 스와치 시계를 인식시켰다는 점이다. 실제로 하이에크 회장은 "스와치 그룹이 만드는 시계는 시계라기보다는 새롭고 고급스럽다는 이미지다. 고객들은 이제 시간을 보려고 시계를 사지 않는다. 시계를 산다기보다는 스와치라는 브랜드 이미지를 사고 있다."고 말한다. 매년 수백여 종의 제품이 출시되므로 이전 제품과 차별성을 갖기 어려울 수도 있지만, 일정한 패턴의 유닛 넘버를 부여하는 대신 제품마다 독특한 이름을 붙여줌으로써 수집가들 사이에서도 꾸준히 사랑받는 원동력이 되고 있다.

스와치는 차별화에 성공했다. 세계 1위의 시계 그룹으로 타의 추종을 불허한다. 무너져 가던 스위스 시계 산업을 되살려 놓은 스와치! 스위스 내 50여 개 공장과 전 세계적으로 400여 개가 넘는 생산, 판매 조직을 거느린 오늘의 스와치 그룹이 가능했던 것은 시계를 달리 보았기 때문이다. 정확한 '시간'이 아니라 '패션의 완성'으로서 시계의 새로운 가능성에 포지셔닝했기 때문에 가능한 일이었다.

 업(業)을 재정의해 재포지셔닝하라

에이비스의 2등 전략

한때 "2등은 아무도 기억하지 않는다."라는 광고 카피가 있었다. 모두들 1등이 되고 싶어하고, 1등이 되기 위해 노력한다. 1등이 주는 프리미엄이 크기 때문이다. 하지만 굳이 1등이 아님을 강조하는 경우도 있다. 렌터카 회사인 에이비스(AVIS)는 1962년 "우리는 렌터카 업계 2등입니다."라는 광고 카피를 내놓았다. 에이비스의 2등 전략은 가장 성공적인 포지셔닝 사례로 알려져 있다.

60년대 초반 렌터카 시장은 시장점유율 60%로 부동의 1위를 차지하던 허츠(Hertz)와 나머지 40%의 시장을 놓고 고만고만한 회사들이 각축을 벌이던 '1강 다약'의 형국이었다. 당시 에이비스는 2등은커녕 13년 연속 적자에 허덕이는 약소 업체에 지나지 않았다. 에이비스가 '넘버 투' 전략을 전개하기로 한 것은 신임 사장의 부임과 함께 더 이상 물러설 곳이 없다는 절박한 상황 인식에 따른 것이었다. 그래서 내놓은 것이 'Avis is Only No.2'였다.

"우리는 2위입니다. 그런데도 왜 우리 회사를 이용할까요? 우리는 더 열심히 노력하기 때문입니다. 최고가 아니라면 그래야만 하겠죠. 지저

분한 재떨일랑 생각도 못하죠. 기름을 반쯤 빼돌릴 수도 없고요. 낡아빠진 와이퍼나 세차도 하지 않은 차를 드리지도 않고, 바람 빠진 차를 드리지도 않는 답니다. 시트 정리도 안 된 차를, 히터가 고장나고 서리 제거도 안 되는 차를 빌려드리진 않습니다. 저희가 열심인 이유는 잘 보이기 위해서지요. 새 차처럼 산뜻하고, 강력한 힘에 미소가 감돌도록 해드리기 위한 것이죠. 여러분의 가려운 데를 긁어드릴 수 있는 거지요. 왜일까요? 저희에겐 여러분이 각별하기 때문입니다. 다음엔 에이비스를 이용해 주세요. 저희는 2위이기 때문에 그리 기다리지 않아도 된답니다."

에이비스의 넘버 투 광고는 엄청난 관심을 끌었다. 이어진 2탄 광고 역시 큰 반향을 불러일으켰다. 연이은 대박 광고로 매출도 덩달아 뛰어올랐다. 2탄 광고의 카피는 "2위라서 열심히 할 밖에요."였다.

에이비스는 자신이 허츠보다 더 나은 업체라고 허풍을 떠는 대신 '1등이 아니라 2등'이라는 넘버 투 전략을 일관되게 펼쳤다. 2등이라 손님도 많지 않아 오시면 곧바로 차를 빌려 갈 수 있다고 했다. 2위니 더 열심히 할 수밖에 다른 방법이 뭐 있겠냐면서 자신의 약점을 오히려 강점으로 포장했다.

에이비스의 도전적 광고 공세를 더 이상 지켜볼 수만은 없었던 허츠는 "지난 수년간 에이비스는 허츠가 No.1이라고 말해 왔습니다. 이제 그 이유를 말씀드리겠습니다."라는 반박 광고를 낼 수밖에 없었다.

어찌 되었건 자타가 공인하는 1위 업체 허츠를 상대로 한 '2등 전략'은 큰 반향을 불러일으켰다. 소비자들이 에이비스를 허츠 다음 회사로 인식하게 되었고, 심지어는 2등에 대한 동정심마저 갖게 되었다. 결국 만성 적자에 시달리던 에이비스는 이 전략으로 진정한 2위 업체가 될 수 있었다. 사람들은 에이비스에 대하여 좀더 알게 되었고 덕분에 매출은 크게 신장되었다.

하지만 후발 주자들의 넘버 투 전략이 언제나 해피 엔딩으로 끝난 것은 아니다. 한때 엠파스는 "야후에서 못 찾으면 엠파스"라는 광고로 야후로부터 법정 소송을 당하기도 했다. 비교 광고의 도를 지나쳐 감정 대립으로 번져 버렸기 때문이다. 그렇게 될 경우 승자도 패자도 없이 모두가 씁쓸한 결과만 남게 된다. 이에 반해 카드업계의 후발 주자였던 현대카드가 업계 선두였던 삼성카드와 자신들을 연계하며 내세웠던 부드러우면서도 깔끔한 광고는 나름 훌륭한 사례라 할 수 있다.

"좋은 경쟁 상대를 만날 때 발전할 수 있고, 더 앞서갈 수 있다고 현대카드는 생각합니다. 한 사람 한 사람의 라이프 스타일에 맞춘 다양한 카드로 높은 포인트 적립률과 다양한 사용처에서의 차별화된 혜택들도, 혁신적인 카드 디자인에 배송 차량이 직접 전해 드리는 방문 서비스까지도……. 모두 남보다 앞선 혜택을 드리기 위한 생각의 차이입니다. 현대카드는 삼성카드라는 좋은 라이벌이 있어 한발 더 앞서갈 수 있습니다."[24]

위 광고에 대한 삼성카드의 반응은 없었다. 삼성카드 입장에서도 그리 기분 나쁜 내용은 아니었는지 모른다. 하지만 출범 당시 카드사 빅4에도 들지 못했던 현대카드는 2009년 현재 카드사 1위에 등극했다. 어느덧 무섭게 커 버린 것이다.

---

[24] 추성엽. 현대카드처럼 마케팅하라. 토네이도, 2009

렌터카 업계의 신성,
엔터프라이즈렌터카

에이비스는 2등 전략으로 선두 기업인 허츠를 집요하게 따라붙었다. 그렇다면 누가 렌트카 시장의 진정한 승자가 되었을까? 정답은 허츠도, 에이비스도 아닌 엔터프라이즈렌터카(Enterprise rent-a-car)이다.

1957년에 17대의 차로 렌터카 업계에 뛰어든 엔터프라이즈는 허츠와 에이비스가 인지하지 못했던 새로운 시장을 공략함으로써 최후의 승자가 되었다. 렌터카 업계를 주도하던 허츠와 에이비스가 하나같이 '주 고객은 여행자'라며 자신들의 고객을 정의하는 사이, 엔터프라이즈는 고장난 차를 수리하거나 기타 이유로 본인의 차를 정비소에 맡겨 임시 차가 필요한 사람을 주 고객층으로 설정하고 이 시장에 집중적으로 포지셔닝한 것이다.

미국 렌터카 업계가 3% 내외의 성장률을 보이는 가운데 엔터프라이즈는 연평균 14%의 성장률과 수익률 10%라는 놀라운 결과를 보여 주고 있다. 그런가 하면 미국 JD파워에서 실시하는 고객 만족도 조사에서도 4년 연속 1위 자리를 차지하고 있다. 이는 다른 렌터카 업계가 여행사를 주 고객으로 삼고 있어 공항에 사무실을 두는 반면 엔터프라이즈는 일반 주거지 부근에 사무실과 차고지를 두어 고객이 찾을 경우 직접 차를 몰고 가져다 주는(Pick Enterprise, We'll pick you up!) 등 남다른 서비스가 가능했기 때문이다.

　여행객이 아닌 보통 사람들의 렌터카 수요도 상당하다는 것을 누구보다 먼저 발견한 엔터프라이즈는 그 덕분에 사무실 및 시설 임대료가 비싼 공항 대신 값싼 주거지 외곽 부근에 공간을 마련할 수 있었고, 각 지역 정비소들과 네트워크를 맺어 안정적이고 지속적으로 사업을 꾸려나가고 있다.

비틀의 'Think Small' 캠페인

"작게 생각하라(Think Small)." 독일의 자동차 회사 폭스바겐(Volkswagen)이 1959년 '비틀'을 미국 시장에 출시하면서 내놓은 광고 카피다. 비틀은 1933년 히틀러의 지시로 자동차 기술자인 포르쉐(Ferdinad Porsche)가 개발한 독일 국민차에서 출발했다. 국민들에게 저렴한 가격에 공급하려다 보니 크기도 작았고 외관도 심플했다.

요즘도 미국의 휘발유 가격은 다른 나라에 비해 저렴한 편인데, 그 당시야 말해 무엇하겠는가. 휘발유 걱정이 없는 미국의 소비자들이 즐겨 찾는 자동차는 튼튼하고 우람했다. 게다가 미국이라는 나라의 특성상 장거리 운전이 많다 보니 자동차를 구입할 때 운영비보다는 쾌적한 승차감과 안전성을 더 많이 고려하는 경향이 있다. 그런 미국 시장에 전혀 우람하지도 않고, 멋져 보이지도 않는 작은 차를 출시하면서 폭스바겐이 내놓은 광고 문구가 바로 "작게 생각하라."였다.

하지만 이 광고는 비틀의 치명적 약점이라 여겨지던 왜소함을 오히려 강점으로 바꾸어 놓았다. 그리고 비틀을 '작지만 강한 자동차'로 굳건히 포지셔닝시켰다. '작게 생각하라'에는 많은 의미가 담겨 있었다.

"어디에나 편하게 주차할 수 있고, 일 년에 수백 달러의 연료비를 아낄 수도 있다. 게다가 볼품없는 차를 자신 있게 몰고 다님으로써 겉모습에 집착하지 않는 사람으로 인정받을 수도 있다. 큰 것만을 좋아하는 사람들이 자신들의 큰 강철 덩어리를 주차할 공간을 한없이 찾아다닐 때 비틀 운전자들은 그 모습을 보고 미소를 지을 것이다. 비틀 운전자들은 언제 어디서든 작은 비틀을 손쉽게 주차할 수 있기 때문이다. '작게 생각하라'에는 '당신은 다른 사람들보다 더 똑똑하다'는 핵심적인 메시지가 담겨 있다. 비틀은 단 두 단어를 통해 큰 인기를 얻었으며 지금도 유례없이 성공한 자동차 모델로서 사랑을 받고 있다."[25]

'Less is More.' 현대 건축의 거장 루드비히 미스 반데 로에가 그의 건축 철학을 설명하는 표현으로 즐겨 쓰면서 유명해진 말이다. 적은 것이 낫고 단순화할수록 좋다는 뜻이다. 그런가 하면 1960년대 모즈룩을 창시한 메리 퀀트(Mary Quant)도 있다. 미니스커트와 핫팬츠를 처음으로 디자인한 그녀는 작은 것이 훨씬 더 아름다울 수 있음을 보여 주었다.

---

[25] 스티브 콘 지음, 방영호 옮김. 한줄의 힘(Powerlines). 마젤란, 2009

배달 전문 도미노 피자

신속한 배달로 피자 시장의 강자로 자리잡은 업체가 있다. 주문 후 30분 이내에 도착하지 못하면 돈을 받지 않는다고 선언한 도미노 피자가 그 주인공이다. '와서 먹는 피자'가 아니라 '배달 전문 피자'로 스스로를 포지셔닝한 것이다.

도미노 피자는 매장의 서비스 공간을 대폭 줄였고, 그 결과 다른 피자점보다 훨씬 더 작은 공간으로 매장 개설이 가능했다. 매장의 규모가 작다 보니 임대료와 부대 비용도 덩달아 줄어들었다. 운영비와 같은 기본 경비의 절감은 배달 전문 도미노 피자의 경쟁력을 더욱더 높여 주었다. 배달 시장에 포지셔닝했기 때문에 가능한 일이었다.

도미노 피자는 시장을 세분화하여 시간으로 승부하는 '배달 시장'의 존재를 찾아낸 것이다. 비록 피자 시장에 뒤늦게 뛰어들어 지명도나 입지 등 모든 게 불리한 후발 주자임에도 불구하고 도미노 피자가 선점한 새로운 시장은 기존의 선두 주자들이 보유한 그들의 경쟁 요소가 별 도움이 되지 않는 낯선 환경이었다. 그러다 보니 도미노 피자의 싸움이 한결 수월했음은 물론이다.

카트라이더가 국민
게임이 된 이유

국내 게임 개발업체 넥슨이 2004년도에 만든 온라인 레이싱 게임인 카트라이더는 국민 게임으로 불릴 만큼 가장 인기 있는 온라인 게임이다. 넥슨은 카트라이더 게임으로 충성 고객 확보와 수익 창출이라는 두 마리 토끼를 잡을 수 있었다. 카트라이더 게임의 성공 비결은 바로 진입 장벽을 낮춘 데 있었다. 국민 누구나가 손쉽게 컴퓨터 게임에 빠져들 수 있도록 한 것이다.

"카트라이더는 복잡하고 어려운 레이싱 게임의 조작키를 최소한으로 단축시켰다. 방향키와 부스터키 그리고 아이템 사용키, 아이템 변환키. 이것이 조작키의 전부다. 초보자는 물론 방향키와 아이템 사용키만으로도 스피드 경기에서는 부스터 키만으로 충분히 게임을 즐길 수 있었다."[26]

넥슨은 기존의 현란하고 복잡한 게임과 같이 따라 하기 힘든 고난도 게임은 과감히 포기했다. 비록 게임 실력이 뛰어난 일부 마니아 층을 고

---

[26] 박정규. 넥슨만의 상상력을 훔쳐라. 비전코리아, 2007

객으로 끌어들이지는 못했지만, 그간 컴퓨터 게임이 너무 어려워 바라만 볼 뿐 직접 뛰어들기를 주저해 오던 일반인들을 고객으로 확보할 수 있었다. 누구나 쉽게 무료로 이용할 수 있는 게임, 카트라이더! 하지만 카트라이더 게임이 아이템(고글·캐릭터 등) 판매를 통해 얻는 수익만 한 달에 60억이 넘는다고 한다.

일본 기업 도시바가 세계 전기밥솥 시장을 석권할 당시의 비결도 넥슨의 카트라이더와 같은 단순화 전략이었다. 기존의 전기밥솥에 복잡하게 달려 있는 버튼과 표시 램프 등 각종 장치를 획기적으로 줄여 단 3개만 남겨 놓은 것이다. 당시 타사의 전기밥솥 중에는 무려 23개의 버튼과 램프가 부착된 제품도 있었다고 한다. 기술 지상주의에 빠져 있던 업체들이 기술 경쟁에 몰입하면서 생긴 현상이었다. 이들 업체의 바람은 경쟁 업체를 이기는 것이었고, 소비자는 그들의 안중에 없었다.

기능을 덧붙인다고 무조건 더 좋아지는 것은 아니다. 경우에 따라서는 비효율적이거나 불필요한 기능을 과감하게 빼는 것만으로도 소비자들에게 '편리함'이라는 요소를 제공하게 된다. 과감히 없애 버리는 것이 오히려 큰 차이를 만들어내는 것이다.

"업체들 간의 기술 경쟁에 관심이 있는 고객은 극소수에 불과하다. 사람들은 자신에게 필요하고, 그 가치가 느껴져야 제품을 구입한다. 도시바가 승리한 비결은 바로 고객의 '마음'을 정확하게 읽고, 그것을 제품에 반영했다는 데 있다."[27]

27 도모노 노리오. 행동 경제학. 지형, 2007

덴마크 우유, 아를라(Arla)

"우유처럼 단순한 상품도 무한 혁신이 가능하다. 덴마크의 낙농기업 아를라(Arla)는 '속도'에 주목한 마케팅으로 경쟁 기업을 압도했다. 아를라는 매일 밤 젖소의 젖을 짜서 자정까지 포장을 마친 다음, 아침에 모든 상점의 판매대에 진열하겠다는 약속을 했다. 그러자 아를라의 덴마크 내 시장점유율은 순식간에 50%로 뛰었다. 키위, 망고 등 새로운 맛을 개발하고 지방 함유량 단계를 세분화하는 대신, 훨씬 더 획기적인 관점을 채택한 결과다. 이 단순한 혁신은 고객들로부터 보상을 받았다. 고객들이 기꺼이 지갑을 들고 계산대로 달려간 것이다."[28]

아를라는 제품 카테고리를 넓혀 가던 동종 업계의 상식적 접근 대신 속도와 신선함이라는 승부수를 띄웠다. 제품을 다양화하고 많은 서비스를 제공해야만 살아남을 수 있고, 또 성공할 수 있다고 믿는 기업들이 얼마나 많은가. AC닐슨에 의하면 음료, 제과, 제지, 미용 생활용품, 세제, 양념류 여섯 개의 제품군에서만 3,783개의 제품이 출시되었다고

---

[28] 아냐 푀르스터, 피터 크로이츠. 유니크. 위즈덤하우스, 2009

한다(2002년 기준). 하루 평균 100개 이상의 신제품이 쏟아져 나온다는 계산인데, 그 제품들이 시장에서 살아남을 확률은 얼마나 될까?

미국에서 새로 개발된 상품의 약 80%가 실패한다는 걸 보면 중요한 것은 '가짓수'가 아니라는 사실이 분명해진다.

04
이기는 방법은 따로 있다

김상진 감독의 1999년 개봉작 〈주유소 습격 사건〉에서
유오성은 그만의 독특한 싸움 기술을 설파한다.
"난 끝까지 한 놈만 패!"
핵심은 타깃을 좁혀 공격력을 극대화하라는 것이다.
기업의 생존을 건 치열한 싸움이 국경을 넘어, 사업 영역을
초월해 펼쳐지고 있다. 바로 마케팅 전쟁이다. 이 전쟁에서
가장 중요한 것은 '시장에서 자신의 위치가 어디인지'를
아는 것이다. 시장에서의 위치에 따라 전략을 달리해야
하기 때문이다. 일반적으로 시장의 리더는 방어적 마케팅을
선택해야 하고, 2, 3위 기업은 공격적 마케팅을, 작은 기업은
측면공격 마케팅을 해야 한다.

선두 기업을 위한 방어적 마케팅

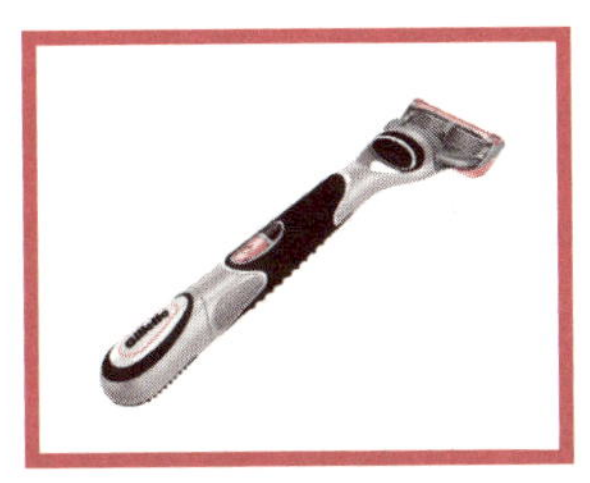

시장에서 자신의 위치를 견고히 하는 최선의 방법은 자기 자신을 공격하는 것이다. 제품이나 서비스가 시대에 뒤떨어지지 않도록 끊임없이 새로운 제품이나 서비스를 도입해야 한다. 실제로 가장 잘나가는 선두 업체들은 항상 새로운 아이디어를 가지고 자신을 공격한다. 자기 자신을 공격하기를 망설이는 리더는 시장점유율을 빼앗길 것이고, 궁극적으로는 리더의 자리를 잃게 된다.

피터 드러커는 "성공의 법칙은 반드시 배반한다."고 말한 적이 있다. '성공'은 새로운 현실과 그에 따른 새로운 문제를 만들어 내기 때문에, 성공에 이르게 한 방식은 성공하는 바로 그 순간부터 새로운 현실에는 더 이상 맞지 않는 구식이 된다. 그에 따르면 과거에 자신을 성공시킨 방법을 성공 후에도 계속 사용하는 것은 자살 행위다.

"자기 제품으로 자기 제품을 죽이기로 유명한 인텔은 1968년 이래 지속적으로 '다음은 무엇인가?'라는 질문을 던지고 있다. 다음이라는 것은 보다 나은 방법 또는 기술을 말한다. 이렇게 인텔은 현재 위치에 만족하지 않고 지속적으로 미래를 향한 경영을 하고 있다."[29]

질레트도 2~3년마다 기존 제품을 기능이 더 향상된 새로운 제품으로 대체한다. 그들은 먼저 양날 면도기 'Trac-Ⅱ'를 내놓았고, 이어서 면도량을 조절할 수 있는 양날 면도기 '아트라'를 출시했다. 그 다음으로 충격 흡수 면도기 '센서'를 내놓았다. 그리고 가장 최근에는 세 개의 날이 달린 면도기 '마하 3'을 출시했다.

알 리스와 잭 트라우트는 『마케팅 전쟁(Marketing Warfare)』에서 "정상에 오르는 것보다 정상을 유지하는 것이 훨씬 쉽다."고 했다. 방어는 전쟁의 역사를 통해 여러 전법들 중에서 가장 강력한 형태라는 것이 증명되어 왔다. 하지만 '방어의 우월성'이란 몇 가지 조건의 충족을 전제로 한다.

무엇보다 지속적인 변신과 변화는 선두 자리를 지키기 위한 필수 조건이다. 제품의 주기적인 리뉴얼은 선두 기업의 중요한 마케팅 전략 중 하나다. 끊임없이 포장 용기를 바꾸고, 제품의 제조 과정을 조금씩 개선함으로써 출시된 지 오래된 제품들이 또다시 새로운 생명력을 얻게 되는 것이다. 이를 통해 수십 년간 애용해 온 소비자들을 여전히 붙잡아두는 한편 새로운 고객을 유인하는 것이다.

70년대에 처음 출시되어 거의 40여 년이 다 되어가는 새우깡(1971), 쥬시후레쉬껌(1972), 에이스크래커(1974), 초코파이(1974) 같은 제품을 두고 낡고 한물간 브랜드라고 말하는 사람은 없을 것이다. 75년도에 처음 나왔던 맛동산도 마찬가지이다. 소비자 입맛의 변화에 따라 변신을 거듭해 왔기 때문에 지금까지도 각광받는 장수 브랜드로 남을 수 있

---

29 안영진. 백신: 왜 이들은 글로벌 초일류기업인가. 박영사, 2006

었다.

"맛동산의 경우, 처음 나왔을 때는 지금과는 비교할 수 없을 정도로 딱딱한 과자였다. 그러나 점차 소비자의 입맛이 부드러운 쪽으로 바뀌자 해마다 조금씩 부드럽게 만들었다. 이를 위해 반죽 과정에서 발효 단계를 추가했는데, 이스트가 들어간 반죽을 튀기면 과자 안쪽의 조직감이 살아 있어 훨씬 부드러운 맛을 낼 수 있다."[30]

1980년대 초, 코카콜라는 미국 음료 시장의 35%를 차지하고 있었다. 코카콜라 직원들은 콜라 시장은 이미 성숙 시장이기 때문에 더 이상 성장할 수 없다는 생각을 가지고 있었다. 당시 코카콜라의 회장이었던 로베르토 고이주에타는 임원회의에서 전 세계적으로 한 사람이 마시는 액체가 하루 평균 얼마나 되느냐고 물었다. 대답은 64온스였다. 다시 한 사람이 하루에 마시는 코카콜라가 평균 얼마나 되느냐고 물었다. 대답은 2온스였다. 끝으로 그는 코카콜라의 '위 점유율(share of stomach)'이 얼마나 되느냐고 물었다. 미국 콜라 시장 혹은 세계 음료 시장의 점유율이 아닌, 전 세계 모든 사람이 하루에 마시는 액체 중 코카콜라가 차지하는 비율은 3%로 아주 미미했다.

코카콜라 직원들은 자신들의 적이 펩시라는 고정관념을 가지고 있었다. 하지만 알고 보니 코카콜라의 적은 커피, 우유, 그리고 물이었다. 고이주에타 전 회장은 "코카콜라의 경쟁 상대는 다른 청량음료들이 아니라 물이다. 물과 경쟁했을 때, 우리의 시장 점유율은 35%가 아니라 3%밖에 되지 않는다. 그러므로 우리는 고객의 '위 점유율'에 신경을 써야 한다."며 강력한 마케팅을 주문했다.

---

30 조원익. 실패한 마케팅에서 배우는 12가지 교훈. 위즈덤하우스, 2005

음료 시장의 35%를 점유한 선두 기업이라는 교만한 마음가짐이 고객들의 위에서 고작 3%의 점유율을 가진, 그래서 다시금 도전 의지를 드높여야 하는 겸손한 자세로 바뀌는 순간이었다. 부동(不動)의 1위였던 코카콜라를 위협할 수 있는 건 오직 코카콜라뿐임을 깨닫게 되면서 스스로를 경계하고, 더 나아가 새로운 시장 수요를 창출하기 위해 더욱 노력하게 된 것이다. 선두 기업의 가장 큰 경쟁자는 결국 자신이었음을 깨닫게 되면서 코카콜라는 한층 더 발전할 수 있었다.

2, 3위 기업을 위한
공격적 마케팅

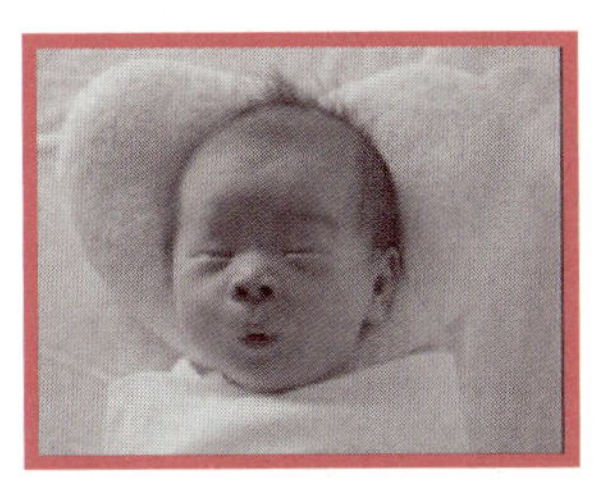

공격적 마케팅은 리더를 선제공격할 수 있는 충분한 힘과 자원을 가지고 있는 2, 3위 기업에 적합한 전략이다. 자사의 성공보다 더 중요한 것은 리더의 패배이며, 리더의 사기를 떨어뜨리는 것이다. 공격적 마케팅의 첫 번째 원칙은 리더의 강점을 피하는 것이다. 먼저 리더가 얼마나 강한지 파악하고, 그 약점을 찾아 공격하는데 모든 노력을 집중해야 한다. 리더의 강점에 내재된 약점을 찾아 공격함으로써 2, 3위 기업은 시장점유율을 높일 수 있다. 리더를 공격하는 최상의 방법 가운데 하나는 새로운 기술이 가져다 주는 기회를 이용하는 것이다. WCDMA 서비스를 개시하면서 이동통신 분야의 강자 SK텔레콤과 정면 대결을 펼친 KTF가 그 좋은 예이다.

KTF는 제3세대 이동통신 서비스인 '쇼(SHOW)' 브랜드를 새롭게 론칭하면서 연간 600억 원 이상의 자금을 투입하는 등 전력투구로 SK텔레콤을 밀어붙였다. 만년 2등 KTF가 회심의 일격을 날린 것이다. KTF는 순식간에 SHOW 열풍을 불러일으키며 2008년 4월 말 기준으로 WCDMA 시장점유율 55.9%를 상회하는 강자로 등장했다. SK텔레콤을 밀어내고 오랜 숙원이던 정상의 자리를 차지한 것이다.

시장에 후발주자로 진입했음에도 게임의 룰을 바꾸며 시장을 주도한 사례는 KTF만이 아니다. 만년 2위 브랜드가 시장의 주도권을 장악한 또 하나의 사례로 하이트(HITE)가 있다. 1990년대 초반까지 맥주는 곧 OB였다. 당시 국내 맥주 제조사는 OB를 만들던 동양맥주와 크라운을 만들던 조선맥주 둘뿐이었다. 하지만 크라운의 비중은 무시해도 좋을 만한 수준이었다. 사람들이 "맥주 주세요!"가 아니라 "OB 주세요!"라고 하는 게 당연했다. 하지만, 거기까지였다. 그 기세등등하던 OB 맥주는 외국계 기업으로 넘어갔고, "OB 주세요!" 하면 이제 어색하게 비춰지는 시대가 되었다.

크라운 맥주의 반격은 1993년에 시작되었다. 대한민국 맥주 역사가 완전히 뒤바뀌는 순간이 온 것이다. 크라운 맥주는 '하이트'라는 제품을 내놓았다. 기존의 네이밍 방식이었던 '크라운 라거', '크라운 라이트'가 아니라 그냥 하이트였다. 대신 맥주 원료의 대부분을 차지한다는 '남다른 물'을 선전하기 시작했다. 지하 150m에서 뽑아 올린 천연 암반수로 만든 특별한 제품이라는 것이 광고의 핵심이었다. 당시 영등포 공장에서 수돗물로 맥주를 만들던 OB맥주에 비하면 하이트는 이 시대가 찾는 '깨끗한 맥주'였다. OB와 크라운에 대한 사람들의 인식이 완전히 바뀌는 순간이었다. 사람들의 생각이 바뀌자 시장의 변화는 순식간에 벌어졌다. 모두가 하이트를 찾았고, 40년간 지켜오던 OB 불패의 신화는 하이트가 출시된 지 3년 만에 '하이트 세상'으로 바뀌었다. 심지어 하이트를 출시하며 꿈에 그리던 맥주시장 제패에 성공했던 조선맥주는 회사의 이름마저 하이트로 바꿨다. 수돗물이라는 선두 기업의 약점을 물고 늘어진 결과였다.

코카콜라와 펩시의 싸움은 또 어떤가? 이 두 브랜드 간 싸움의 양상이 과거와는 다르게 전개되고 있다. 한마디로 전투 양식이 달라지고 있는 것이다.

"코카콜라와 펩시 간의 싸움은 '카테고리'와 '글로벌' 싸움으로 변화하고 있다. 과거처럼 콜라시장에서 누가 더 많은 점유율을 확보해 매출을 일으키느냐 하는 문제가 아니라, 누가 더 효과적인 카테고리를 선택해서 더욱더 많은 수익을 내느냐 하는 카테고리 싸움으로 전개되고 있다."[31]

펩시에선 2006년 인도계 여성 인드라 누이가 새로운 CEO로 취임하면서 대대적인 변신을 추구해 왔다. '목적 있는 성과(Performance with Purpose)'라는 모토를 내세운 누이 CEO는 비탄산음료 등 건강 음료, 기능성 음료 분야에 집중했다. 콜라 중심의 단품목이 아니라 다양한 기능성 건강음료들을 출시해 다품종 카테고리 전쟁을 펼친 것이다. 그 결과 펩시의 2007년 매출은 22%나 늘어났다.

이와 유사한 사례를 우리나라에서도 찾아볼 수 있다. 백색가전 부문의 정상 자리를 놓고 치열한 싸움을 벌이고 있는 삼성전자와 LG전자가 그 예이다. 삼성전자는 한동안 금성사(LG전자)에 이은 2위 브랜드였다. 삼성전자는 브랜드 이미지나 제품력 면은 물론, 유통망에서도 한 수 아래였다. 당시로서는 금성사의 아성을 깨고 우위에 선다는 것은 특별한 이변이 없는 한 불가능해 보였다.

삼성전자는 금성사와는 전혀 다른 발상을 할 수밖에 없었다. '남다른 노력'으로 금성사를 따라잡고자 했던 것인데, 그 영역을 '애프터서비

---

31 이장우, 황성욱. 마케팅 빅뱅. 위즈덤하우스, 2009

스'로 결정했다. 판매량이 많은 금성사에는 A/S 요청 건수가 많을 것이고, 많은 건수를 일일이 처리하다 보면 속도도 느려지고 그러다 보면 고객들 사이에 불만이 쌓일 게 뻔했다. 결국 초점을 '빠른 서비스'에 맞춰 승부수를 띄워볼 만하다는 계산이 선 것이다. 삼성전자가 금성사에 맞서 서비스에 총력을 기울였던 구체적인 방법은 다름 아닌 견습생 아르바이트를 활용한 인해전술이었다.

"A/S 대기 건수가 많아지면, 우선 견습생을 차가 아닌 오토바이로 먼저 고객에게 보낸 것이다. 견습생이라 직접 수리를 할 능력이 없으니 옮길 짐은 없는지, 도와드릴 건 없는지 집안 허드렛일을 해 드리면서 정식 수리기사가 올 때까지 기다린다. 하지만 소비자 입장에서는 A/S를 신청했는데, 기사가 둘씩이나 와서 이것저것 불편한 것을 해결해 주니 반가운 노릇이었다. 고객은 수리기사가 온 시간이 아니라 견습생이 도착한 시간을 서비스 개시 타임으로 보는 것이다. 결국 빠른 서비스는 소문이 났고, '삼성' 하면 '확실한 애프터서비스'를 떠올리는 고객들의 수요는 늘어났다."[32]

---

32 김진동. 이기는 습관2. 쌤앤파커스, 2009

새로운 주자를 위한 측면 공격 마케팅

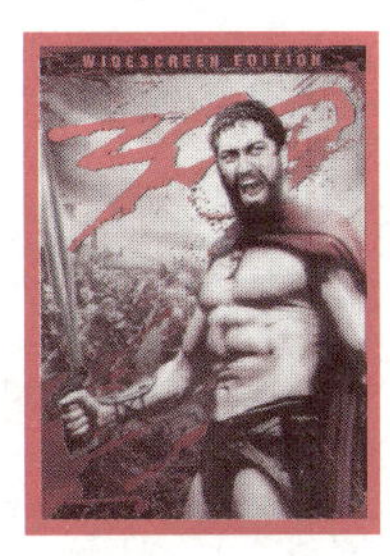

2007년에 출시된 영화 〈300〉은 온통 싸움 얘기다. 거의 처음부터 끝까지 싸우고 또 싸운다. 스파르타가 300명이라는 적은 군사로 수만 명에 달하던 페르시아 대군과 싸울 수 있었던 것은 스파르타의 '전략' 때문이었다.

당연히 싸움의 장소는 협곡이다. 페르시아 전쟁 중 유명한 테르모킬레 협곡! 영화를 본 사람은 이해하겠지만, 협곡에선 아무리 많은 군사를 내보내봤자 전투가 가능한 병사는 소수에 불과하다. 그야말로 페르시아의 수만 대군이 물밀듯 밀려와도 스파르타의 300 용사가 맞이할 적들의 숫자는 300에서 크게 벗어나지 않았다. 무적을 자랑하던 스파르타의 300 용사가 비슷한 수의 페르시아 군과 싸우는 것이니 만큼 스파르타가 꿀릴 것은 아무것도 없었다. 300에 불과한 스파르타 용사가 수만 명의 페르시아군을 막아낼 수 있었던 것은 어찌 보면 기적이 아니라 당연한 결과였는지도 모른다.

컴퓨터는 매장에서 기성품을 사는 것이 불문율이었던 시절, 마이클 델은 싸움의 방식을 바꿨다. 주문자 생산 방식을 도입해 컴퓨터 업계의 고정관념을 깨버린 것이다. 그가 그러한 결정을 내린 이유는 기존 방식으로는 대기업들과 경쟁할 수 없었기 때문이다. 대신, 그는 측면 공격 전략을 택했다. 기존 강자들과 정면 대결을 피하는 대신 선두 기업들이 관심을 가지지 않는 부분을 대담하게 공략한 것이다. 전통적 마케팅 이론에서는 이러한 접근법을 틈새시장 전략이라고 부른다.

"측면 공격 기술에는 극도의 통찰력이 필요하다. 진정한 측면 공격의 경우에는 새로운 제품이나 서비스를 위한 기존 시장이 없기 때문이다. 밀러(Miller)가 라이트(Lite) 맥주를 가지고 맥주업계에 측면 공격을 했을 때, 알코올 도수가 낮은 맥주 시장이 이전에 존재했었던가? 물론 전혀 없었다. 그러나 오늘날 미국인들이 마시는 3,500만 배럴의 라이트 맥주는 대부분 밀러에서 양조한 것이다."[33]

하지만 모든 기업들이 라이트 맥주처럼 성공할 수 있는 것은 아니다. 심지어 측면 공격에 성공했음에도 불구하고 전리품을 챙기지도 못하고 물거품처럼 사라져 버리는 경우도 있다. 한때 다이어트 콜라를 앞세워 코카콜라를 위협했던 로얄 크라운(Royal Crown)이 바로 그 경우다.

60년대에 콜라 시장에 진입한 로얄 크라운은 코카콜라의 강력한 경쟁자였다. 로얄 크라운은 60년대에 이미 다이어트 라이트(Diet Rite)를 출시했고, 다이어트 음료 중 가장 많이 팔리는 제품으로 확고부동한 위치를 차지했다. 하지만 60년대 말까지만 그랬다. 그리고 오늘날 그 누구도 로얄 크라운을 기억하지 않는다. 로얄 크라운 다이어트 콜라는 어떻게 시장에서 사리져 버린 것일까?

문제의 시작은 로얄 크라운 콜라의 매출이 급격히 증가하면서 불거

---

33 알 리스, 잭 트라우트. 마케팅 전쟁(Marketing Warfare). 비즈니스북스, 2006

졌다. 경영진은 매출이 늘어나면서 지금과 같이 다이어트 콜라에 집중할 것인지, 아니면 콜라 제품의 카테고리를 확장해 전면적인 경쟁으로 나아갈지 결정해야만 하는 기로에 놓였다. 문제는 경영진이 명쾌한 결정을 내리지 못하면서 어느 사이에 제품의 카테고리가 많아졌고, 그러다 보니 전선이 점점 더 넓어졌다는 점이다.

"바보 같은 짓을 벌이고야 만 것이지요. 자원은 한정되어 있는데, 두 개의 전선을 동시에 가져간 것입니다. 선택과 집중의 중요성을 깨닫지 못했습니다. 로얄 크라운 콜라는 다이어트 라이트에서 나오는 얼마 안 되는 이익을 코카콜라의 코크에 대항하는 무모한 공격에 허비해 버리고 말았습니다."[34]

로얄 크라운은 누가 보더라도 마케팅의 기본인 선택과 집중에 실패했다. 하지만, 누구보다 먼저 다이어트 콜라를 출시했고, 이 부문에 국한되긴 하지만 최고 자리에 올랐다. 그 때의 기세라면 거인 코카콜라와도 한번 해볼만 하다는 생각이 들지 않았겠는가. 로얄 크라운의 사례는 자신의 역량을 정확하게 안다는 것이 얼마나 중요한 것인가를 되새기게 한다.

---

[34] 이용찬, 신병철. 삼성과 싸워 이기는 전략. 살림출판사, 2004

소규모 기업을 위한 게릴라 마케팅

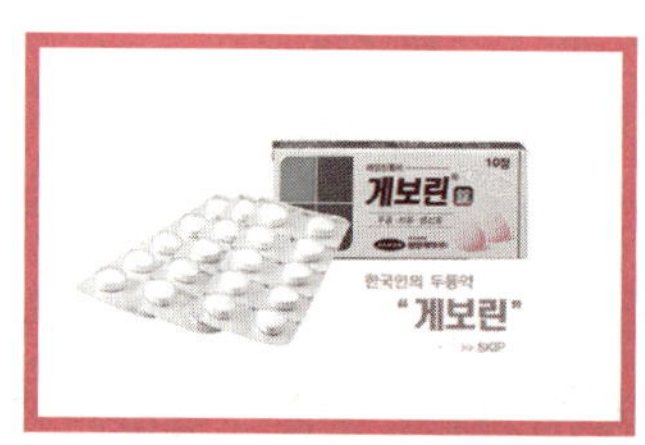

1982년에 처음 시판된 게보린은 군소 제약업체였던 삼진제약에서 만든 진통제다. 삼진제약은 의료 기관에 직접 납품하는 제품이 많아 일반인들이 삼진제약을 기억할 일은 거의 없었다. 게보린은 약국에서 직접 소비자를 상대로 팔 수 있는 삼진제약의 제대로 된 거의 첫 작품이나 마찬가지였던 것이다. 그러다 보니 게보린에 대한 회사의 기대는 무척 클 수밖에 없었다.

하지만 일반 소매약(OTC 제품)으로 게보린을 출시할 무렵, 게보린의 성공 가능성은 거의 제로에 가까웠다. 진통제 시장에는 사리돈이라는 확고부동한 절대 강자가 존재했기 때문이다. 회사의 수준도 맞비교가 곤란하고 제품의 인지도는 하늘과 땅 차이였다.

'두통·치통·생리통에 종근당 사리돈~'

동네 강아지도 떠들고 다닐 수 있을 정도로 위의 광고 카피는 사람들의 뇌리에 강하게 자리 잡고 있었다. 오죽하면 업계에서 농담 삼아 얘기하던 세 가지 금기가 있다고 하지 않는가. 박카스와 드링크 제품 갖고 경쟁하지 말고, 훼스탈과 소화제 갖고 경쟁하지 말며, 사리돈과 진통제 갖고 경쟁하지 말라는 것이다.

그땐 정말로 그랬다. 박카스가 그랬고, 훼스탈이 그랬다. 사리돈은 더 그랬다. 바로 그런 사리돈이 자리잡고 있는 '진통제' 시장에 신제품을 출시하는 사장의 기분은 어땠을까? 그 누구도 도전해서 성공해 본 적이 없었던 '절대 이기지 못하는 싸움'을 시작하는 삼진제약이 취할 수 있는 전략이라곤 게릴라 전술 말고 달리 택할 방법이 없었다. 막강한 종근 당의 무시무시한 사리돈을 상대로 벌이는 싸움의 시작이다 보니 광고 도 되도록 약하게 하는 게 최선이었다. 종근당을 자극해서도 안 되며, 사리돈에 필적할 만한 제품이란 느낌을 주어선 더더욱 안 되었다. 당시 게보린 광고를 맡았던 이강우 씨는 이렇게 말한다.

"광고주는 내게 여러 번 강조했다. '절대로 다른 회사를 자극하는 광 고를 내보내서는 안 됩니다.' 그래서 첫 번째 광고는 제품의 이름을 알 리는 것에만 신경을 썼다. '그게 뭐더라, 게, 게, 게~ 맞다, 게보린!'"[35]

비싼 광고 시간을 내어서 제품 이름이나 더듬거렸던 이유는 무엇 때 문일까? 비싼 광고료를 내고 더듬더듬 "게, 게, 게~ 맞다, 게보린!"하는 모습을 보면서 종근당은 긴장이나 했을까? 중국 한나라의 장군, 한신이 저잣거리 깡패의 가랑이 틈을 기어 나오는 굴욕도 마다하지 않았던 것 은 큰 뜻이 있었기 때문이다. 더듬거리는 광고를 보면서 경쟁 회사가 마 음을 놓은 바로 그 사이 어눌하게만 보였던 "맞다, 게보린"은 마침내 진 통제 시장 1위에 등극했다. 게릴라 마케팅이 그 시작이었다.

이름도 알려지지 않은 신생 삼진제약이 종근당이라는 당시로서는 소 화제 부문의 절대 강자에 도전했던 방법은 '몸을 낮추는 것'이었고, 큰

---

35 이강우. 대한민국 광고에는 신제품이 없다. 살림출판사, 2003

형님이 눈치채지 못하게 살금살금 '작업'을 진행시키는 것이었다. 그 정도라면 신경 쓸 일이 없겠지 싶도록 상대를 안심시켰던 게보린 광고! 하지만 삼진제약은 그 광고를 시작한 지 2년 만에 사리돈을 밀어내고 진통제 시장 1위에 올랐다. 한마디로 기적이 일어난 것이다.

815콜라는 또 어떤가. IMF의 충격이 최고조에 달했던 1998년, 국민들 모두가 패닉에 빠져 있던 바로 그때, 815콜라는 태극기를 감싼 모습과 '콜라 독립'이라는 독특한 광고로 애국심을 자극하며 등장했다. 애국심에 기반을 둔 마케팅 전략은 사람들의 마음을 움직였다. 나라를 구하고자 장롱 깊숙이 넣어 두었던 금을 모으기 시작하던 시대 상황과 맞물리면서 815콜라는 1999년 한때 콜라 시장을 13.7%까지 점유하기에 이르렀다. 하지만 애국과 독립이라는 컨셉만으로는 체험적 가치 인식 수준에까지 이르지 못했다. 남다른 가치를 안겨 주지 못함으로써 몇 번은 사게 만들었지만 지속적인 구매로 이어지지 않았다. 결국 815콜라는 2007년에 결국 부도 처리되고 말았다. 게릴라처럼 나타났던 815콜라가 코카콜라의 맛까지 따라잡지는 못했던 것이다. 시대 상황과 국민 정서라는 좀처럼 얻기 힘든 유리한 여건에도 불구하고 게릴라 공격전을 통해 마지막까지 살아남기란 이렇게 어려운 법이다.

소규모 기업을 위한 게릴라 마케팅, 즉 게릴라 공격은 대부분의 기업들에게 가장 적합한 전략이다. 업계에서 대부분의 기업들이 소규모 기업에 해당되기 때문이다. 식품업계를 살펴보자. 크래프트나 하인즈, 허시 같은 대기업은 몇 안 된다. 실제로 크래프트는 치즈를 만드는 660개의 회사 중 하나일 뿐이며 하인즈는 피클을 만드는 380개 기업 중 하나이고, 허시도 864개의 제과업체 중 하나에 불과하다. 나머지 650여 개의 치즈회사나 370여 개의 피클 기업은 물론 860여개의 제과업체가 선택할 수 있는 전략은 게릴라 마케팅이다. 알 리스와 잭 트라우트는 『마케팅 전쟁(Marketing Warfare)』에서 다음과 같이 주장한다.

"대부분의 기업들은 게릴라전을 펼쳐야 한다. 일반적으로 말하자면 100개 기업 중 하나는 방어 전략을 펼쳐야 하고, 두 개 정도는 공격 전략을, 셋은 측면 공격을, 그리고 94개는 게릴라전을 선택해야 한다. 게릴라는 오랫동안 잘 버틸 수 있다. 이들이 곤경에 처하는 것은 오직 큰 기업처럼 행동하려 할 때 뿐이다."[36]

36 알 리스, 잭 트라우트. 마케팅 전쟁(Marketing Warfare). 비즈니스북스, 2006

입시 문제집들의 마케팅

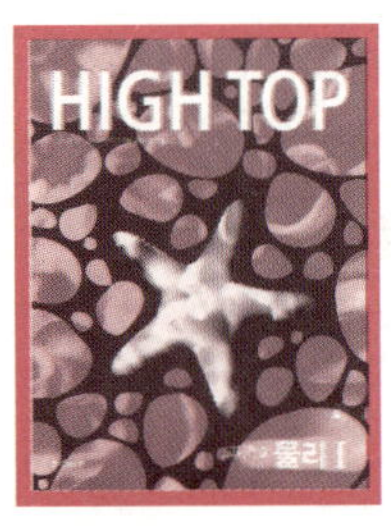

입시 문제집의 선두 주자는 두산동아의 '하이탑'이다. 하이탑은 과학 탐구 과목의 기본서로, 이과생들은 거의 모두가 하이탑을 한 번쯤 구매해 봤을 정도로 지명도가 높다. 과학탐구 문제집 중 절대 강자의 자리를 차지하고 있는 두산동아의 하이탑은 방어적 마케팅을 구사한다. 많은 양의 자료와 자세한 설명을 담고 있는 하이탑은 딱딱하고 어렵게 느껴지는 단점을 갖고 있다. 하이탑은 그 점을 보완하기 위해 표지 디자인을 바꾸고 내용 구성을 유연하게 만들고 있다. 또한 핵심 수능문제를 매년 바꿔서 싣고 있다. 선두 자리를 지키기 위해 끊임없이 노력하고 있는 것이다.

입시 문제집의 2위 주자로는 수리영역의 '개념원리'가 있다. 개념원리는 수십 년째 수리영역 부동의 1위를 차지하고 있는 '수학의 정석'을 따라잡기 위해 공격적 마케팅 전략을 구사하고 있다. '수학의 정석'은 문제가 많지 않다는 단점이 있는가 하면 해답이 책의 뒷부분에 있어 앞쪽의 문제와 뒤편의 해답을 왔다 갔다 해야 하는 불편함이 있었는데 '개념원리'는 이 약점을 파고들었다. 해답책을 별도로 분리하고 다양한 문제를 매년 새롭게 실으면서 수학의 정석을 타깃으로 공격적 마케팅을 벌이고 있는 것이다.

측면 공격 마케팅을 구사하는 입시 문제집으로는 비유와 상징의 '완자'를 들 수 있다. '완전자율학습'을 모토로 내세운 이 책은 '내 옆의 1등 선생님' 완자를 출시했다. 최근 문제집 시장에서는 인터넷 강의와의 연계를 강조하며 판촉활동을 하는 경향이 있다. 유명 강사의 인터넷 강의 교재라고 홍보하기도 하는가 하면, 문제집을 사면 무료로 강의를 제공한다든지 하는 광고가 이런 부류에 속한다. 하지만 비유와 상징은 다르게 생각했다. 강의에서 강사가 해 줄 만한 설명을 책 속에 모두 집어넣은 것이다. 실제로 강사가 칠판에 메모하며 설명해주는 것 같은 느낌이 나도록 특별하게 인쇄하는 방식을 통해 기존 시장에선 볼 수 없었던 새로운 문제집을 창조한 것이다.

마지막 게릴라 마케팅의 예로는 이룸이앤비의 '숨마쿰라우데'가 있다. 숨마쿰라우데는 대학생들이 모여서 집필한 책이다. 대학생들이 만든 것이니만큼 최고의 강사진과 집필진을 보유한 국내 대형 출판사들이 이 책의 출현에 긴장할 이유는 전혀 없었다. 게다가 이룸이앤비의 광고 방식은 더더욱 조심스러웠다. 한마디로 다른 회사를 자극하지 않는 조용한 방식이었다. 그럼에도 불구하고 현재 숨마쿰라우데는 수능 공부와 함께 대학 논술 면접을 준비하기 위한 교재로 가장 인기 높은 책으로 급부상하고 있다.

05

베스트원보다 온리원이 낫다

- 월급이 적은 쪽을 택하라.
- 내가 원하는 곳이 아니라 나를 필요로 하는 곳을 택하라.
- 승진 기회가 거의 없는 곳을 택하라.
- 모든 조건이 갖추어진 곳을 피하고 처음부터 시작해야 하는 황무지를 택하라.
- 앞을 다투어 모여드는 곳에는 절대 가지 마라. 아무도 가지 않는 곳으로 가라.
- 장래성이 전혀 없다고 생각되는 곳으로 가라.
- 사회적 존경을 바랄 수 없는 곳으로 가라.
- 한가운데가 아니라 가장자리로 가라.
- 부모나 아내나 약혼자가 결사 반대하는 곳이면 틀림없다. 의심하지 말고 가라.
- 왕관이 아니라 단두대가 기다리는 곳으로 가라.

경남에 있는 거창 고등학교 정문에는 붙어 있는 직업 선택의
십계명이다. 잘 알려진 길이 아니라 남다른 길을 택하라는
얘기다. 베스트원이 아니라 온리원의 길을 가라는 것이다.
남들이 가지 않은, 그래서 유니크한(unique) 길말이다.

구본형은 『필살기』에서 이렇게 말한다.
"특기가 없다는 것은 위험한 일이다. 평범하다는 것은 결핍과
같다. 평범을 벗어나는 길은 여러 일에서 월등해지는 것을
피하는 것이다. 한 가지에서 탁월해지는 것이다. 지극히 평범한
사람이라도 한 가지 분야에는 통달할 수 있다. 그 한 가지가
그 사람을 특별하게 한다. 물러설 수 없는 그 한 가지, 그것이
필살기다."[37]

37 구본형. 구본형의 필살기. 다산라이프, 2010

크롬하츠가 고가에도 잘
팔리는 이유

"디자인을 통한 기업의 이미지 구축에 성공한 기업은 대부분 세계적으로 유명한 기업이다. 일본의 소니 제품들은 굳이 제조사를 보지 않아도 소니 제품이라고 쉽게 알아볼 수 있는 경우가 많다. 왜냐하면 소니만의 특이한 형태와 색깔, 무엇보다 기능성을 중시한 디자인으로 소비자들이 소니 제품을 사용할 때 상표 이름을 기억하도록 유도했기 때문이다. 독일의 벤츠 자동차 역시 로고를 떼어도 쉽게 벤츠라는 것을 알 수 있다. 필립스의 제품 역시 디자인만 보고도 그 회사 제품이란 것을 알아챌 수 있다. 어떻게 이런 일이 가능한가? 바로 기업이 지향하는 바를 디자인으로 구현하여 소비자에게 보여 왔기 때문이다."[38]

유명 패션 디자이너의 의상이 잘 팔리는 것은 디자인이나 색상, 소재, 질감 이전에 그 디자이너의 컨셉 때문이다. 하나의 제품이 히트 상품이 되는 이유는 상품성 이전에 컨셉이 소비자에게 어필했기 때문이다. 컨셉이 좋은 컨셉인지 확인하기 위한 기준은 바로 유니크함에 있다.

---

38 김영세. 이노베이터: 트렌드를 창조하는 자. 랜덤하우스코리아, 2005

"크롬하츠(CHROME HEARTS)라는 브랜드는 액세서리, 가죽 점퍼, 가방 등을 판매한다. 이 브랜드에서는 평범한 은반지 하나도 보통 100만 원 선에서 팔고 있다. 이 브랜드를 좋아하는 마니아들은 음악 하는 로커들과 할리데이비슨을 몰고 다니는 라이더들이다."[39]

한 돈 가격이 2천 원대에서 왔다 갔다 하는 은 몇 돈을 가지고 만든 은반지를 100만 원에 팔 수 있는 크롬하츠의 저력은 바로 유니크함에 있다. 특징이나 개성이 없는 상품은 일류가 되지 못한다. 2류는 시장에서 제값을 받을 수 없다. 상대적으로 낮은 가격에 싸구려 시장을 맴돌 뿐이다. 게다가 가끔 있는 세일 기간까지 소화하려면 그야말로 앞으로도 남지 않고 뒤로는 엄청 힘만 들 뿐이다. 유니크하지 못한 것의 대가치곤 꽤 크다.

세계적인 건축가, 안도 다다오는 건축계에서 보기 드문 '온리원'에 속한다. 그가 선호하는 '노출 콘크리트 공법'도 특별하지만 고교 졸업이 학력의 전부인 '독학 건축가'란 점도 특별하다. 그는 고등학교 2학년 때 복싱 선수였지만, 한 시합에서 노력만으론 도저히 따라갈 수 없는 상대 선수를 만나면서 새 길을 찾게 되었다. 고등학교 졸업 학력이 전부인 그는 누구도 뒤를 봐주는 사람 없었기 때문에 모든 것을 스스로 헤쳐 나갈 수밖에 없었다. 그랬기 때문에 그가 걸어온 삶은 다른 사람들과는 전혀 달랐다.

학력주의가 뿌리 깊은 일본 사회에서 대학 교육도 받지 않은 채 독학으로 건축가의 길을 걸어온 그가 세계적인 건축가로 거듭나기까지의 삶은 시련과 좌절의 연속이었다. 하지만 아무것도 가진 것이 없었기 때

---

39 권민. 거리에서 브랜드를 배우다. 고즈윈, 2008

문에 언제나 '이 기회를 놓치면 끝장'이라는 절박한 심정으로 매 작업마다 최선을 다했고, 그렇게 해서 완성된 그의 작품들은 남다를 수밖에 없었다. 그는 그렇게 스스로를 끌어올려 정상의 자리에 올라섰다. 노출 콘크리트 공법으로 자신만의 독특한 건축 세계를 형성한 그는 스스로의 삶이 뛰어남의 결과라기보다는 치열함의 결과였다고 말한다.

"가령 나의 이력에서 뭔가를 찾아낸다면, 아마 그것은 뛰어난 예술가적 자질 같은 것은 아닐 것이다. 뭔가 있다면 그것은 가혹한 현실에 직면해도 결코 포기하지 않고 강인하게 살아남으려고 분투하는 타고난 완강함일 것이다."[40]

40 안도 다다오. 나, 건축가 안도 다다오. 안그라픽스, 2009

디자이너도, 생산 시설도 없는 의류 회사

스레드리스(Threadless)는 직원 수 25명에 순수익 900만 달러의 의류 회사다. 이 회사의 특징은 온라인 베이스로 사업을 운영한다는 데 있다. 연 매출 3,000만 달러의 이 회사는 의류 회사라면 당연히 있어야 할 디자인실도 없고 생산 시설은 더더욱 없다.

이 회사의 비즈니스는 커뮤니티를 중심으로 이루어진다. 예를 들어 커뮤니티 회원들이 자신이 만든 디자인을 홈페이지에 올리면 회원들이 투표 방식으로 평가를 하는데, 일주일에 평균 700개 정도의 디자인이 올라온다고 한다. 스레드리스는 이중 10개 정도를 선정해 옷을 만든다. 물론 옷 제작은 외부에 일임한다. 한편 채택된 디자인에 대해서는 제안자에게 2,000달러의 현금을 지급한다. 특정 디자인 상품이 잘 팔려 재판매에 들어갈 경우, 매회 당 500달러의 보너스가 추가로 지급된다.

2000년에 시작한 이 온라인 의류 사업은 현재 커뮤니티 가입자가 50만 명에 달하며 회원들의 제안은 1만 건이 넘었다. 그중 800여 건이 제품화되었다. 이 회사의 독특한 운영 방식이 네티즌들의 관심을 끌면서 회원 수는 계속 증가하고 있다. 따라서 스레드리스의 디자인 경쟁은 한

층 더 치열해질 것이고, 이는 뛰어난 디자인과 더 많은 고객이라는 결과를 가져오게 될 것이다. 독특하면서도 바람직한 선순환 구조를 가진 비즈니스 모델이다.

"어떻게 보면 스레드리스 직원들의 역할은 사이트 관리와 채택된 디자인을 생산하는 것뿐이다. 실질적인 업무는 그들의 회원들이 꾸려간다. 스레드리스의 직원이 아님에도 불구하고 회원들은 스레드리스를 위해서 열심히 디자인도 하고 품평도 하고 제품도 구매한다. 네이버나 싸이월드에 비해 스레드리스에 더 큰 점수를 주는 것은 소비자들의 노력으로 탄생한 제품이 낳은 수익을 회사가 독점하는 것이 아니라 소비자들과 함께 나눈다는 점 때문이다."[41]

홍콩에 있는 리앤펑(Li & Fung)이란 회사는 의류와 장난감, 액세서리 등 소비재를 생산하고 수출하는 회사다. 이 회사 역시 스레드리스와 마찬가지로 디자인실이나 생산 시설을 갖고 있지 않은 게 특징이다. 그러면서도 연매출은 19조 원이나 되는 어마어마한 회사다(2008년 기준).

연간 20억 벌 이상의 의류를 생산하면서 단 한 명의 생산직원도 없는 리앤펑의 비즈니스 구조는 혁신적이다. 2008년 〈비즈니스위크〉는 이 회사를 '세계에서 가장 영향력 있는 회사 29개' 중 하나로 선정했고, 〈포브스〉는 '아시아에서 가장 놀랄 만한 50개 기업' 중 하나로 꼽았다. 리앤펑의 생산 방식은 과연 어떠할까?

"이 회사는 단추는 중국, 지퍼는 일본, 실은 파키스탄에 주문한다. 파키스탄에서 받은 실은 중국에 보내 직물로 짜서 염색하게 한다. 꿰매는 일은 방글라데시의 공장에 맡긴다. 고객이 빠른 배달을 원하기 때문에

---

41 이장우, 황성욱. 마케팅 빅뱅. 위즈덤하우스, 2009

3개의 공장에서 나누어 작업한다. 리앤펑은 이런 방식으로 전 세계 40개국에 퍼져 있는 3만 개의 공급업체와 200만 명 이상의 공급업체 직원들을 움직인다. 이 회사가 직접 월급을 주는 종업원은 그 1%도 안 된다."[42]

현재 거래를 맺고 있는 브랜드만도 900개가 넘는다는 리앤펑의 모토는 "원하는 것이 무엇이든 말씀만 하십시오. 그러면 당신에게 맞는 '가상의 공장'을 만들어드리겠습니다."이다.

애플의 아이팟(iPod)은 사실 애플 제품이라 말하기 어렵다. 자기헤드는 TDK, 충전용 배터리는 소니, 케이스는 고바야시, 플랫폼은 Portal Player, 메모리 칩은 삼성, HDD는 도시바의 부품을 사용하기 때문이다. 애플의 아이폰도 마찬가지이다. 운영 체제만 애플의 시스템을 채용할 뿐 삼성의 반도체에 중국제 케이스로 대만에서 조립한 것이기 때문이다. 하지만 누구도 그 가치를 폄하하지 않는다. 그 흔한 시장조사 하나 없이 만들어낸 세상에서 유일한 '생각'이 바로 애플의 것이기 때문이다.

---

42 이지훈. 혼창통(魂創通). 쌤앤파커스, 2010

낙소스의 성공 비결

EMI나 DG(도이치 그라머폰) 등 일반 클래식 CD의 3분의 1 가격, 1995년도 올해의 상표(프랑스 칸), 클래식 음악계에서는 변방이라 할 수 있는 홍콩에서 거둔 성공 신화! 모두가 낙소스의 성공을 표현하는 말이지만, 어느 것도 낙소스의 성공을 제대로 표현하기에는 2% 부족한 표현뿐이다. 그만큼 낙소스의 등장과 성공은 가히 신화적이라 할 만큼 유니크했다.

"아니다, 다르게도 가능하다!"

1987년 낙소스를 탄생시킨 하이만의 결론이다. 기존의 CD 제작 방식에서 보면 정말 엉뚱한 생각일 뿐이었다. 하지만 하이만은 CD 가격의 거품을 뺐다. 표지를 바꾸고 연주단체를 새로 발굴했다. 표지로 비싼 예술가의 사진 대신에 저작권료가 없는 오래된 동판을 사용했고, 스타급 연주단체 대신 당시로선 잘 알려지지 않은 동구권 오케스트라(슬로바키아의 카펠라 이스트로폴리타나 오케스트라)를 썼다. 그러자 낙소스 CD 가격은 일반 CD의 3분의 1 수준인 10마르크 밑으로 떨어졌다.

비싼 가격에 움츠렸던 소비층이 꿈틀거리며 낙소스로 몰려왔다. 이에 힘을 얻은 낙소스는 초심자를 위한 CD, 꿈꾸기 위한 클래식, 사랑에 빠진 사람을 위한 클래식, 식사를 위한 클래식 등 다양한 레퍼토리를 쏟아 냈다. 사람들은 문화적 충격을 받았고 그 대가로 낙소스는 엄청난 성공을 거뒀다. 하지만 DG, 유니버설, EMI 등은 낙소스에 눈길 한 번 주지 않았다. 대신 이들은 낙소스의 행보를 비웃으며 곧 업계에서 사라져버릴 것이라 예상했다. 하지만, 이들의 예상과 달리 낙소스의 성장은 파죽지세였다. 당황한 음반업계는 그제야 낙소스를 따라 하기 시작했다. 유니버설, EMI 등이 저가 제품을 내놓기 시작한 것이다.

메이저 음반사들이 'Duo 음반', '2 For 1' 등 다양한 저가 및 염가판들을 시장에 쏟아붓자 낙소스는 지금까지의 행보와 달리 품질을 높이며 레퍼토리를 넓혀 갔다. 젊고 참신한 예술가들을 발굴함과 동시에 바흐와 브람스 같은 고전에서 리게키와 헨체 등 컨템포러리 뮤직으로 영역을 넓혀 나갔다. 그렇게 함으로써 저렴한 맛에 구입했던 낙소스에서 낙소스가 아니면 구할 수 없는 음반을 점차 갖추어 나가기 시작한 것이다. 하이만이 이 분야에 정통한 사람이었다면, 하이만이 유럽에서 살고 있었다면 낙소스가 탄생할 수 있었을까? 그는 이 업계를 잘 아는 전문가가 아니었고, 그의 사업장은 홍콩에 있었다. 그래서 그는 기존의 업계 사람들과는 다른 시각을 가질 수 있었는지도 모른다.

낙소스의 창업자 하이만의 사업관은 '선배들을 따라하지 말자'는 것이었다. 따라서 그는 업계에서 통용되는 무언의 법칙에 결코 신경 쓰지 않았다. 무언의 법칙이란 경외심 가득한 태도로 기존의 전통을 따라 선배들이 걸어왔던 길을 그대로 걸어가는 것이 아니고 무엇이겠는가. 선배를 따라하지 않았던 것이, 기존의 관행에서 비켜 선 것이 낙소스의 성공 비결이었다. 여기에 용기, 그리고 지구력이 하이만을 성공으로 이끌었다.

　2010년 현재 소니 클래시컬과 EMI에서는 전집류들을 출시하고 있다. 메이저 음반사라 할 이들 업체들이 자신이 보유하고 있는 정식 음원들을 지금까지의 가격에 비하면 거의 땡처리 수준인 상상 이하의 가격에 내놓고 있는 것이다. 물론 이러한 현상을 비단 낙소스 탓으로만 돌릴 수는 없다. 그보다는 음반 시장의 위축과 함께 음원의 저작권 기간 만료를 복합적으로 감안한 결과라 할 수 있다. 하지만 적어도 염가 CD 시장의 발견이란 점과 이 시장에 누구보다 먼저 포지셔닝했다는 점에 대해서는 눈여겨볼 필요가 있다.

행인의 심금을 울린 걸인 연주자

애덤 스미스는 "거지 이외에는 아무도 동료의 자비심에 전적으로 의지해서 살아가려고 하지 않는다."고 했다. 하지만 반드시 그런 것만은 아니다. 일부 거지들은 엔터테이너가 되어 지나가는 사람들에게 즐거움을 선사하고 당당하게 적선을 요구하기도 한다. 남다름은 거지의 세계에서도 유효한 전략이다.

"뉴욕의 자랑인 '자유의 여신상'으로 향하는 배를 타기 위해 지루한 대기 행렬 속에 서 있었다. 그 행렬 옆으로 우리를 고객이라고 생각한 수많은 거리의 악사와 서커스 팀이 어느 정도 위안이 되고 있었다. 그들에게 1달러 주는 것도 아깝다고 생각하고 있던 터였다. 그러나 그러한 나에게 5달러짜리 지폐를 주머니에서 꺼내게 만든 사건이 일어났다. 어느 금발머리 거리의 악사가 내 앞에서 대한민국의 국가인 '애국가'와 민족적 정서와 애수가 담긴 '고향의 봄'을 연주해 주었기 때문이다."[43]

낯선 이국에서 향수를 달래 주고 듣는 이로 하여금 스스로 지갑을 열

43 김기찬 차현주. 시장을 지배하는 마케팅 철학의 법칙10. GASAN BOOKS, 2008

게 하는 거리 악사의 수준이 가히 예술급이다. 1달러도 아까워하는 행인이 5달러짜리 지폐도 마다 않고 건넨 것은 그의 마음이 움직였기 때문이다. 고객이 누군지 정확히 파악하고 그들의 눈높이에서 니즈를 충족시켜 줌으로써 고객의 지갑은 스르르 열려 버렸다. 최고의 걸인이라면 이 정도는 돼야 하지 않겠는가.

24시간 투숙하는 호텔

호텔 입구에 들어서면 직원이 환한 미소를 지으며 맞이한다. 프런트에 놓인 사탕 바구니는 반 이하로 줄어들지 않는다. 직원들은 언제나 손님에게 몸을 45도 각도로 굽혀 인사한다. 이 모든 것이 서비스 기준으로 규정되어 있다.

이러한 서비스 규정은 호텔 입장에서 보면 하면 기본이고 안 하면 마이너스가 되는 경우가 많다. 다른 호텔에서 하니 안 할 수 없고 애써 해도 크게 차별성을 얻긴 힘들다.

간혹 서비스의 수위는 치킨 게임의 양상을 띠기도 한다. 겁쟁이가 되지 않으려고 더 높은 수준의 서비스를 제공하고, 이에 상대방도 그에 못지않거나 더 많은 서비스를 제공하다 보면 결국 비용만 많이 들고 남는 건 없는 상황이 되는 것이다.

이에 반해 로스앤젤레스 공항의 4성급 쉐라톤 호텔은 서비스가 아닌 남다른 운영 방식으로 고객의 머릿속에 확실히 자리 잡고 있다. 대부분의 호텔들은 운영 방식이 서로를 복제한 것처럼 똑같은데, 특히 '12시 체크아웃' 규정이 그렇다. 다르게는 왜 안 되는 것일까?

　"로스앤젤레스 공항의 4성급 쉐라톤 호텔은 세계의 다른 어떤 비즈니스호텔에서도 볼 수 있는 '당연한 서비스들'을 아무리 제공해 봐야 시장에 영향을 미칠 수 없다는 사실을 인식했다. 그래서 이 호텔은 입실 시각에 관계없이 객실을 24시간 동안 대여했다!"[44]

44　아냐 푀르스터, 피터 크로이츠. 유니크. 위즈덤하우스, 2009

맥도날드식 아라빈드 안과 병원

오늘날 인도에서 가장 규모가 큰 안과 치료 시설인 아라빈드 병원은 1976년 닥터 브이(Dr. V)로 불리는 안과 의사 고빈다파 벤카타스와미(Govindappa Benkataswamy)에 의해 설립되었다. 그는 인도에서 가장 존경받는 안과 의사 중 한 명으로 심각한 손가락 관절증을 가지고 있음에도 재활 훈련을 통해 일어났고, 독학을 통해 안과 의사가 되었다.

고빈다파 벤카타스와미가 젊었을 때만 해도 인도에서는 2,100만 명의 백내장 환자가 돈이 없어 수술을 받지 못한 채 살고 있었다. 백내장은 혼탁해진 수정체를 투명한 인공 수정체로 교체하는 아주 간단한 시술로 치료될 수 있는 질환이다. 닥터 브이는 백내장 수술 비용을 파격적으로 줄일 수 있는 방법을 연구했다. 그러던 중 순식간에 하나씩 포장되어 나오는 맥도날드가 보였다. 빅맥이나 프렌치 프라이를 일정한 공정에 맞춰 기계적으로 만들어 내는 것처럼, 표준화된 공정에 따라 백내장 환자를 수천 명씩 수술하는 방법은 없을까 하는 생각이 문득 떠오른 것이다.

젊은 안과 의사의 열정과 아이디어는 마침내 큰 빛을 보게 되었다. 맥도날드처럼 수술을 찍어 내는 아라빈드 안과 병원이 만들어진 것이다.

"오늘날 '닥터 브이Dr.V'의 의료진들은 의학적으로 완벽하면서도 효율적으로 일 년에 23만 명의 환자를 수술한다. 극빈층인 대부분의 환자들에게 무료로 수술해 주고 여유가 있는 3분의 1 정도의 환자에게만 치료비 일부를 받음에도 불구하고, 닥터 브이의 병원은 연간 1,000만 달러의 매출을 올리고 있다."[45]

모든 사람들이 닥터 브이와 똑같은 열정과 능력을 가지고 있는 것은 아니다. 하지만 누구나 각자의 자리에서 무언가를 시도해 볼 기회는 얼마든지 있는 게 아닐까? 지금보다 더 나아지고 예전보다 조금 더 유니크해지는 방법을 모색하는 그런 시도 말이다.

---

[45] 아냐 푀르스터, 피터 크로이츠. 유니크. 위즈덤하우스, 2009

꿈을 파는 오토바이, 할리데이비슨

미국인들이 가장 사랑하는 브랜드 중 하나인 할리데이비슨은 1903년 미국 동부의 밀워키에 있는 어느 호숫가 옆 조그만 창고에서 시작했다. 데이비슨 삼형제와 윌리엄 할리가 기존의 자전거에 2마력짜리 엔진을 붙여 만든 게 할리데이비슨 오토바이의 시작이었다.

한때 연간 2만 7,000대의 모터사이클을 만들기도 했던 이 회사는 주인이 바뀌고 1980년 초에는 부도 직전까지 몰리는 위기 상황을 맞이하기도 했다. 이후 할리데이비슨의 임원들이 회사를 다시 인수했고, '독수리는 홀로 비상한다(The Eagle Soars Alone)'는 캐치프레이즈와 함께 예전의 명성을 되살리기 위해 피나는 노력을 했다. 그리고 이제 그 어떤 모터사이클과도 비교를 거부하는 할리데이비슨으로 거듭났다.

아리스토텔레스는 인간을 '이성을 가진 동물'이라고 했다. 하지만 우리가 잘 알고 있듯 사람들이란 '합리적 동물'이기보다는 '합리화하는 동물'이다. 좀더 구체적으로 표현하면 '감성으로 결정하고 이성으로 합리화하는 동물'이라고나 할까.

이를 간파한 마케팅 전문가들은 소비자들이 먼저 감성으로 사고 나

중에 이성으로 합리화한다고 말한다. 따라서 고객의 사랑을 받고자 하는 브랜드라면 반드시 고객을 위한 감성적 측면을 가져야 한다. 고객과의 강한 유대 관계를 구축하는 데는 브랜드의 감성적 호소력이 필수인 것이다.

할리데이비슨의 경영자들은 할리가 '43세의 회계사에게 검은색 가죽옷을 입고 작은 마을을 질주하며 사람들의 두려움을 불러일으킬 수 있는 능력을 제공하는 오토바이'라 말한다. 할리는 단순한 이동 수단이 아니다. 그것은 '자유와 반항'이라는 꿈을 실현하는 수단인 것이다. 할리의 고객은 마르크스 수염을 기른, 늙은 혁명가 같은 사람들이 아니다. 자유와 모험을 선망하고 사무실에서 힘겨운 일주일을 보낸 뒤에 허리가 편안한 의자가 달려 있는 오토바이를 타고 자연 속으로 달리고 싶어하는 윤택한 남성이다.

전문 직종에 종사하는 중년 남성이 결코 만만치 않은 가격임에도 서슴 없이 할리데이비슨을 구입하고 호그(HOG, Harley Owners Group) 멤버로 활동하는 것은 할리가 바로 그들의 꿈을 보장하는 면허증이기 때문이다. '결코 늙지 않았음'과 '아직도 청춘'이라는 도저히 불가능해 보이는 그들의 욕망을 현실화시켜 준다고 믿기 때문이다.

실제로 할리데이비슨의 기업 사명은 '모터사이클을 타는 특별한 경험을 통해 고객의 꿈을 실현해 나간다(We fulfill dreams through the experience of motorcycling).'이다.

이것이 할리와 같은 강력한 브랜드와 탄탄한 품질의 제품을 저렴한 가격에 제공하는 약한 브랜드의 차이이다. 그 어떤 오토바이도 갖고 있지 못하는 꿈! 바로 할리만이 가지고 있는 '꿈의 힘' 탓에 수많은 사람들이 호그의 꿈을 키워가고 있다.

할리 티셔츠에는 이런 문구가 쓰여 있다.

"내가 말로 설명해 줘야 하는 거라면, 당신은 어차피 이해할 수 없다 (If I have to explain, you wouldn't understand)."

고객을 불편하게 하는
쇼울다이스 병원

의료 기관들이 친절해지고 있다. 요즘 허리를 90도로 굽혀 인사하거나 '감사합니다'를 외치는 모습은 어느 병원에서나 흔히 볼 수 있는 광경이다. 의료 시장 내 경쟁이 치열해지면서 고객들을 만족시키지 못하면 살아남을 수 없다는 위기감의 표현이라 하겠다.

하지만 탈장수술 전문 병원으로 알려진 캐나다의 쇼울다이스 병원(Shouldice Hernia Centre)은 그와 정반대이다. 이 병원에 예약하기 위해서는 반경 75킬로미터 이내의 환자들은 병원에 직접 와서 필요한 검사를 받아야만 한다. 물론 멀리 떨어져 있는 환자들은 질문지와 보험 정보서를 홈페이지에서 다운받아 접수 신청을 할 수 있다. 탈장질환 전문 병원이라는 이름에 걸맞게 탈장질환 환자만 받는다. 동맥경화, 치질, 정맥류 환자들은 받지 않으며, 탈장 환자라도 심장병이 있다든가 과거 일 년 이내에 수술을 받은 적이 있는 환자인 경우에는 병원에서 입원을 받아 주지 않는다. 심지어 다른 사람과 잘 사귀지 못하는 사람도 받아 주지 않는다.

그런데 상당수 환자가 직접 와서 접수를 해야 하고, 탈장 이외의 다른 환자들은 받지 않으며, 다른 사람과 잘 사귀지 못하는 사람은 문전박대한다는 것이 사실 쇼울다이스 병원의 성공 요인이다. 온갖 서비스를 제공하며 그 어떤 고객이라도 '손님은 왕'이라며 받아들이는 호텔과 비교하면 달라도 한참 다르다. 그런데 성공했다니 더 놀랍다.

쇼울다이스 병원에서는 환자 스스로 자신을 돌보도록 장려한다. 병원 입장에서는 비용 절감도 되지만, 그보다 더 중요한 것은 수술을 받은 후 누워 있는 것보다 몸을 계속 움직이는 게 회복하는 데 더 낫기 때문이다.

탈장 이외의 다른 환자들을 받지 않으니 휠체어가 불편 없이 드나들 정도의 널찍한 복도나 큰 엘리베이터도 없다. 대신 환자 스스로 빨리 회복할 수 있도록 움직이는 데 편안한 카펫이 깔린 복도와 경사가 완만한 계단, 산책할 수 있는 잔디밭이 전부다. 텔레비전과 화장실도 곳곳에 마련해 놓기보다는 환자가 좀 더 많이 걸을 수 있도록 병원 중심부에만 설치해 놓았다. 병원은 이를 통해 경비 절감을 실현했지만, 누구도 이를 두고 불편하다거나 잘못되었다고 얘기하지 않는다. 모두가 치료에 도움이 되기 때문이다.

행복한 의사들의 제너럴 닥터

"동네 병원이면서 카페 같은 제너럴 닥터에는 두 명의 의사가 있다. 그들은 환자를 진료하면서 핸드 드립 커피를 정성들여 만들고 카페의 온갖 허드렛일도 한다. 무엇보다 '바둑이'와 '나비'라는 고양이 두 마리를 키우면서 사진도 찍고 만화도 그린다."[46]

3년간의 공중보건의 생활을 마친 의사 김승범은 형이 운영하던 카페의 간판을 보면서 한동안 잊고 있었던 카페와 병원의 결합 모델을 떠올렸다. 그리고 그는 2007년 5월, 카페 겸 의원인 'GENERAL DOCTOR'를 개원했다. 환자들과의 소통을 위해 제너럴 닥터는 의료 이용자 한 사람 한 사람마다 노트를 만들었다. 그에게 환자 노트는 환자의 상태나 이야기를 적어 두고 의사만 보는 일방적인 기록이 아니라 의사와 환자 사이를 이어 주는 의사소통의 도구이다.

김승범 혼자 시작했던 제너럴 닥터에 일 년 뒤부터 정혜진이 합류했다. 대학 병원에서 비뇨기과 레지던트 과정을 밟던 도중 제너럴 닥터와

---

46 김승범, 정혜진. 어느 이상한 동네병원 이야기 제너럴 닥터. 이상, 2009

같이 좀처럼 존재하기 힘든 행복한 병원이 하나라도 더 있었으면 하는 생각에 전문의의 길을 접고 공동 운영진으로 들어왔다.

이 두 사람을 묶어 주는 지지대는 하나의 공통된 생각이다. 바로 '의미가 없으면 하지 않는다'는 것이다. 아무리 위대한 일일지라도, 꼭 해야만 하는 일이라 해도 스스로 의미를 모르거나 재미를 느끼지 못하면 잘 덤벼들지 않는다. 자신의 참모습을 잃지 않고 행복한 의사가 되는 길을 찾아 나선 이들의 모습은 낯설기보다는 오히려 유니크하다!

독불장군 모토 에프엠

라디오는 청취자에게 익숙한 것을 방송한다. 방송이 나간 바로 다음 날, 청취율 집계표가 편성국 테이블에 올라온다. 해당 프로그램의 진행 자는 물론이고 담당 PD와 작가는 청취율에 따라 그야말로 파리 목숨 신세이다. 한 동안 라디오 방송 음악 코너를 진행했던 필자도 그때의 경험을 생각하면 머리털이 쭈뼛 곤두설 정도이다.

봄 개편과 가을 개편 등 대부분의 방송국이 일 년에 두 번 연중행사로 진행자를 갈아치운다. 물론 청취율이 가장 중요한 잣대가 된다. 하지만 문제가 있다 싶으면 두 번의 연중행사와 관계없이 수시로 진행자가 교체된다. 그러다 보니 지난주에 봤던 진행자 자리에 딴 사람이 앉아 있는 모습이 너무나 흔한 게 방송국이다. 필자는 얼음장 같이 냉정했던 방송국에서 세 번의 시즌(1년 반)을 무사히 넘겼다. 청취율이 그리 나쁘지 않았나 보다.

하지만 이런 방송 시스템을 비웃기라도 하듯, 청취율을 전혀 고려하지 않는 방송국이 있다. 더 놀라운 사실은 청취자들의 취향을 전혀 고려하지 않는 것이 바로 잘나가는 이유라는 것이다. 그것도 스스로 벌어 재정을 충당해야 하는 민영 방송국이라니 정말 까무러칠 노릇이다. 모토 에프엠(Motor FM)이 그 주인공이다.

"베를린과 슈투트가르트 지역의 지상파로, 다른 지역에서는 인터넷과 케이블로 들을 수 있는 이 채널은 경쟁자들과 비교할 때 정말로 모든 것이 특별하다. 이 방송국은 기타음 위주의 독특한 음색의 곡들만 선별해서 튼다. '대안 음악'이라는 분류가 맞을 정도로 아주 독특한 음악이 청취자에게는 채널을 구별할 수 있는 구분점이 된다. 모토 에프엠은 청취자들에게 무엇을 듣고 싶은지 묻지 않고, 편성자가 좋다고 생각하는 음악을 제공한다."[47]

47 아나 푀르스터, 피터 크로이츠. 유니크. 위즈덤하우스, 2009

어떻게 하면 산업자원부가 빨리 망할까?

어떻게 하면 산업자원부가 빨리 망할까? 산자부 관리들이 머리를 맞대고 '역(逆)발상' 토의를 했다. 혁신 연찬회 자리에서였다. 먼저 '정책을 남발하고 화려한 보고서를 작성하는 데 애쓰면 된다'는 아이디어가 나왔고, 다음과 같은 아이디어들이 이어졌다.

- 입맛에 맞는 정책만 추진한다.
- 업무 영역은 넓은데 제대로 일은 안 한다.
- 보고와 격식만 찾다가 시기를 놓친다.
- 겉만 화려한 보고서를 만든다.
- 부실한 업무 인수·인계
- 시행착오 반복

심지어 '산자부는 새 옷을 너무 좋아한다'는 지적도 나왔다. 일관된 정책보다는 유행만 따른다는 비유이다. 발표부터 하고 기업, 협회를 들러리로 내 세우는 현실을 빗대어 '우리는 (주)산업자원 기획사'란 자성

(自省)도 나왔다. 토의의 결론은 '10년이 지나도 변함이 없는 명품 정책을 만들어야 한다'는 것으로 모아졌다. 행사할 시간에 현장을 먼저 챙기고, 국민 입장에서 정책을 만들어 집행하고, 하나를 하더라도 제대로 하자는 다짐도 했다. 정말 유니크한 회의가 아닌가.

"서양인들이 잘 쓰는 표현 중에 '아카데믹 스마트(academic smart)' '스트리트 스마트(street smart)'라는 말이 있다. 아카데믹 스마트는 학교 성적이 좋은 부류를 말한다. 정해진 과제는 효율적으로 처리해 내지만, 여태까지 경험해 보지 못한 새로운 사태에 직면하면 대응을 하지 못하고 좌절해 버리는 사람들이 여기에 속한다. 반대로 스트리트 스마트는 거리에서 성장하여 현장 체험이 풍부한 사람들을 말한다. 인간관계를 잘 구축하고 사회에 잠재해 있는 기회나 위험을 포착하는 능력이 뛰어나 한두 번의 실패로는 주저앉지 않는다. 길이 아닌 길에 접어들었더라도 독특한 후각으로 돌파구를 예리하게 감지해 내기도 한다. 모범 답안이 없는 혼란의 시대에 힘을 발휘할 수 있는 사람은 두말할 것도 없이 스트리트 스마트다."[48]

'복지부동'이니 '철밥통' 운운하며 비아냥거림을 당하던 공무원들이 어떻게 하면 빨리 망할까를 주제로 회의를 해야 할 정도로 세상은 변하고 있다. 그들이 진정 원했던 것이 '빨리 망하는 법'은 아닐 것이다. 오히려 '정말로 잘 하는' 스트리트 스마트한 방법을 찾고 싶었던 것이다.

---

48 오마에 겐이치. OFF학: 잘 노는 사람이 성공한다. 에버리치홀딩스, 2009

06

디테일에 목숨을 걸어라

"모든 콜라는 90% 이상이 설탕물이다. 1~2퍼센트 차이로
코카콜라도 되고, 펩시도 되고, 싸구려 콜라도 된다. 성공과
실패는 아주 작은 차이가 결정하는 것일지도 모른다."[49]
1920년 플로렌스에서 처음으로 점포를 열었던 구찌의 표어는
'크게 되기 위해 작게 남아 있자'였다.
정말로 우리 자신을 키우는 힘이 사소하고 작은 일에 있을까?
작은 것이 위대한 제국을 건설하기도 하고, 무너뜨리기도 한다.
작고 간단한 일이라도 거기서 비롯되는 결과는 천지차이일 수
있다. 세밀한 부분을 어떻게 처리하느냐에 따라 대세가 판가름
난다.
경영도 마찬가지다. 규모에서 우열이 갈리는 것이 아니다.
성패는 세부적인 것을 얼마나 잘하느냐에 달려있다.

49 김도진. 모험을 꿈꾸는 후배에게. 생각의 지도, 2009

린드버그의 대서양 횡단 비행

1919년 뉴욕의 호텔 왕, 레이먼드 오티그는 뉴욕에서 파리까지 날아가는 사람에게 상금 2만 5,000달러를 주겠다고 공언했다. 그러자 거액의 상금을 탐낸 사람들이 대서양 논스톱 횡단에 도전했다. 그러나 모두들 도전에 실패했고 심지어 목숨을 잃는 경우도 있었다. 그러던 차에 1927년 5월 20일, 뉴욕 커티스 비행장에서 비행기 한 대가 파리를 향해 이륙했다. 찰스 린드버그(Charles Lindbergh)라는 25살의 청년이 모는 '스피릿 오브 세인트루이스(Spirit of St. Louis)'라는 비행기였다.

하지만 이 비행은 당시로서는 무모해 보이는 아주 위험한 도전이었다. 한 번 실은 연료로 갈 수 있는 거리가 6,000킬로미터이지만, 뉴욕에서 파리까지 대서양을 횡단하기에는 너무나 빠듯했다. 린드버그는 비행기의 연비를 높이기 위해 방향 탐지기, 라디오, 무전기, 심지어 낙하산마저 싣지 않았다. 그리고 마침내 1927년 5월 21일, 그는 뉴욕을 출발한 지 33시간 30분 만에 논스톱으로 대서양 단독 횡단에 성공했다. 실제로 그가 비행한 거리는 총 5,800킬로미터로 정말 아슬아슬한 거리였다.

다른 사람들의 눈에는 '무모한 시도'로밖에는 보이지 않았던 바로 그 죽음의 비행에서 린드버그가 성공할 수 있었던 중요한 이유 중 하나는 한 방울의 연료라도 더 싣기 위해 낙하산마저 버리는 그 '디테일'에 있었다.

신라호텔의 '고객 알아보기' 서비스

THE SHILLA
SEOUL

"삼성그룹에서는 일찍부터 '업(業)'의 개념을 강조해 왔다. 사업의 본질을 제대로 이해하는 것이 무엇이든 잘할 수 있는 출발점이 되기 때문이다. 술집을 술을 파는 곳으로 정의하면 이는 업의 개념에서는 제대로 파악을 못한 것이다. 술을 파는 것은 겉으로 드러난 행위이고, 술집을 '샐러리맨의 스트레스를 풀어 주는 곳'으로 이해하면 관점이 달라진다. 가정주부를 보자. 가정주부를 집에서 가사 일을 하면서 가족을 돌보는 사람으로 보는 것 역시 뭔가 부족하다. 업의 개념이라는 관점에서 보면 가정주부는 'Happiness Maker', 즉 '가정의 행복 창조자'로도 볼 수 있다."[50]

술집과 가정주부의 역할을 '스트레스를 풀어주는 곳'과 '가정의 행복 창조자'로 보면 해야 할 것과 할 수 있는 것이 급격하게 늘어난다. 이 모두가 '업(業)'에 대한 개념을 새롭게 하였기 때문에 가능한 일이다. 혼다(HONDA)는 미국 사람들에겐 자동차 회사로, 그리고 일본 사람들에

---

[50] 현명관. 아직 끝나지 않은 도전. 매일경제신문사, 2006

겐 오토바이 제조회사로 더 잘 알려져 왔다. 하지만 혼다 사람들은 스스로를 자동차 회사나 오토바이 회사로 국한하지 않는다. 왜냐하면 그들은 '인간이 탈 수 있는 모든 것'을 추구하기 때문이다. 혼다는 로봇과 개인용 비행기는 물론, 날아다니는 자동차까지 연구하고 실용화하는 중이다. 스스로를 '자동차 회사'라고 못 박는 대신 '움직이는 모든 것'을 꿈꿔 왔기에 가능했던 것이다.

삼성의 전문 경영인이었던 현명관은 한때 호텔 신라의 CEO로 일한 적이 있다. 그동안 호텔업과는 무관했던 그였기에 남다른 생각을 하게 되었다. 호텔업에서 '업의 개념'을 생각해본 것이다. 그러고는 호텔업의 개념을 '상대방을 알아주는 사업'이라 결론 내렸다. 얼핏 보기에 호텔이란 식당에서 밥 먹고, 커피숍에서 사람 만나고, 객실에서 잠자는 곳으로 이해하기 쉽지만 이들은 모두 겉모습일 뿐이므로 호텔이 시설이나 인테리어 및 음식과 같은 부분에 힘쓰는 것만으론 부족하다는 생각이 들었다. 호텔업을 상대방을 알아주는 사업이라 재정의하고 이를 어떻게 구체화할지 고민하던 중 도어맨에 생각이 미친 그는 '차량 번호 맞히기 대회'라는 아이디어를 내게 되었다.

일반적으로 차를 타고 호텔에 올 때 제일 먼저 만나는 사람이 바로 도어맨인데, 이들의 서비스라야 차문을 열고 "어서 오십시오" 하는 인사가 일반적이다. 하지만 도어맨 중 일부는 자주 오는 고객들을 자연히 알게 되어 몇몇 분들에게 성함을 부르면서 인사하는 것이 눈에 띄었던 것이다. 현명관 대표는 '바로 이거다'는 생각에 담당 직원을 불러 가능한 대로 단골 고객들의 성함과 차량 번호를 정리하게 한 후, 이를 도어맨들에게 제공하여 외우고 맞추는 대회를 개최하게 했다.

고객의 차량 번호를 보여 주고 도어맨들이 차량 번호 옆에 고객의 이름과 특징을 써 넣는 문제도 있었고, 자주 오는 고객의 사진을 놓고 차량 번호를 적어 넣는 문제도 있었다. '차량 번호 맞히기 대회' 이후 고참은 고참대로, 신참은 신참대로 각자의 자존심을 걸고 차량 번호와 고객 얼굴을 외우기 시작했고 신라호텔의 '고객 알아보기' 서비스는 정착되어 갔다.

예전 도어맨들의 인사말은 "안녕하십니까?", "어서 오십시오."가 전부였지만 그후론 "박 사장님, 어서 오십시오", "이 여사님, 지난번보다 훨씬 더 보기 좋으십니다." 등 다양한 형태의 인사를 할 수 있었다. 고객 입장에서도 호텔 입구에서부터 자신을 알아주니 기분 좋은 일이 아닐 수 없었다.

디테일에 강한 개인이나 조직은 어떤 어려움이 닥쳐도 흔들리지 않고 목표를 이룬다. 디테일을 빼고는 어떠한 성공도 말할 수 없다. 일본전기(NEC)와 마쓰시타 전산 두 기업체의 이름을 따서 만든 일본전산(日本電算)은 회사명과 달리 모터 제작이 주 사업 분야이다. 교토(京都) 촌구석 고향집의 창고를 개조해 시작했지만 지금은 세계 최고의 기업이 되었다.

세계 최고를 꿈꾸는 이 회사는 최근에 『일본전산 이야기』란 책으로 우리나라에서도 알려지긴 했지만, 이 회사의 제품들이 일반인들이 접하기 쉬운 최종 소비재가 아니라 그 명성에 비해 제대로 알려지지 않은 것도 사실이다. 하지만 핸드폰에 들어가는 작은 모터에서부터 공장의 대형 모터까지 그들의 영향력은 예상외로 크다. 140여 개 계열사에 13만 명의 종업원을 거느리며, 매출 8조 원대의 그룹인 일본전산은 일본판 벤처 신화의 주인공이라 할 수 있는 기업이다. 그런 일본전산이 오늘날과 같은 성공 신화를 세울 수 있었던 배경에도 디테일이 있었다. 입사

9년차 생산 관리부 사토 씨의 말에서 우리는 일본전산의 디테일 정신을
엿볼 수 있다

"누군가 커피를 바닥에 엎지르면, 내가 뛰어가 물걸레를 가져옵니다.
그걸 닦으면서 '다른 사람 손이 또 한 번 안 가도록 해야겠다'는 것을 머
릿속으로 다짐하는 스스로를 발견했습니다. '빨리', '완벽하게', '다른
사람에게 피해가 가지 않도록' 끝내기 위한 고민은 비단 청소뿐 아니라
다른 업무에도 미칩니다. 복사 하나를 하더라도 '어떻게 하면 짧은 시간
에 완벽하게 할 수 있을까'를 생각하고 실행합니다. 그렇게 하면 '잡무'
도 '제대로 된 일'로 바뀔 수 있습니다. 아무리 작은 일이라 해도 다른
사람들이 감탄할 정도로 '멋지게 처리할 수 있는 방법'을 생각하면서
실행에 옮기려 의식합니다."[51]

51 김성호. 일본전산(日本電産) 이야기. 쌤앤파커스, 2009

소설가 김훈

KBS 드라마 '불멸의 이순신'으로도 제작된 바 있던 『칼의 노래』는 소설가 김훈 씨의 작품이다. 김훈의 『칼의 노래』 첫 문장은 이렇게 시작된다.

"버려진 섬마다 꽃이 피었다."

저자는 소설 첫 머리를 '~꽃이 피었다.'로 할지 '~꽃은 피었다.'로 할지를 놓고 며칠 동안이나 고심했다고 한다. '~이 피었다'라는 객관적인 사실을 말하는 듯한 표현과 '~은 피었다'라는 주관적인 정서를 투사하는 듯한 표현을 두고 '~이'와 '~은' 두 조사(助辭) 사이에서 고민했던 것이다.

김훈 씨는 2007년 미국 로스앤젤레스 문학 강연회에서 이렇게 말했다. "대학 2학년 때 『난중일기』를 읽고 언젠가 이순신의 절망과 고독을 쓰고 싶었어요. 35년 만에 문득, 갑자기 연필이 잡혔고 두 달 만에 썼죠. 그사이 이가 8개나 빠져 나갔습니다. 입안에서 오물거리면 툭 뱉어 버리고 글을 썼어요."

두 달 만에 소설 한 권을 탈고한 그 능력도 뛰어나지만, 두 달 사이에

이가 8개나 빠져 나갈 정도로 사력을 다해 글을 밀어 내는 그의 열정이 대단하지 않은가. 그런 김훈이었기에 '~꽃이 피었다'로 할지 '~꽃은 피었다'로 할지를 두고 며칠을 고민한 것은 어찌 보면 너무나 김훈스럽다.

좋은 작품을 만들어 내기 위한 작가들의 노력이 소설가 김훈에게만 국한된 얘기는 아니다. 톨스토이는 『부활』과 『전쟁과 평화』를 쓴 뒤 수십 번에 걸쳐 다듬었다고 하며, 헤밍웨이의 경우 『노인과 바다』를 쓰면서 무려 400번 이상 고쳤다는 이야기가 전해진다. 당송(唐宋) 팔대가 가운데 한 사람인 구양수(歐陽脩)도 그렇다. 그는 시를 쓴 뒤 벽에 붙여 놓고 방을 드나들 때마다 고쳤다고 한다. 얼마나 많이 고쳤던지 어떤 시는 처음에 썼던 글자 중 단 한 글자도 남아 있지 않았다는 일화가 전해질 정도이다.

한 끼 식사 때문에
물거품이 되어 버린
비즈니스

중국 둥베이(東北) 지역에 있는 한 국유 기업이 미국의 대기업과 제휴를 맺기 위해 온갖 노력을 기울여 왔다. 마침내 제휴 체결을 위한 막후 조정을 위해 미국의 기업에 시찰단 방문을 요청했다. 다행히 시찰단의 중국 방문 일정은 두 기업 간 제휴 체결을 앞당겨야 할 만큼 성공적으로 진행되었다. 하지만 어쩐 일인지 당장 체결될 것 같았던 제휴 건이 한순간에 날아가 버리고 말았다. 순조로운 진행에 한껏 고무되었던 중국 기업이 마련한 만찬이 파국의 시작이었다.

고급 호텔에서 진행된 만찬 행사는 중국 회사 관계자들과 공무원들이 참석하여 앞으로 있을 제휴 체결을 미리 축하하는 분위기였다. 하지만 어찌 된 영문인지 미국 회사 관계자들의 표정은 어둡기만 했다.

이후 미국에서 보내온 팩스가 중국 회사에 전해졌다. 하지만 그 내용은 그토록 기다리던 제휴 체결에 관한 것이 아니라 같이 사업하기 어렵겠다는 뜻밖의 내용이었다. 세심한 준비와 현장 답사까지 무사히 마쳤고 축하 리셉션까지 했던 중국 회사는 그야말로 초상집 분위기였다. 영문을 알 수 없는 중국 회사에서 그 이유를 따져 물었다. 그러자 미국 회사에서는 다음과 같은 답변을 보내 왔다.

"당신들이 한 끼 식사에 그렇게 많은 돈을 낭비하는데 어떻게 안심하고 거액의 자금을 투자할 수 있겠소?"[52]

중국 기업의 입장에서 볼 때 '한 끼 식사'가 사태를 파국으로 몰아갈 줄 상상이나 했겠는가. 하지만 미국 회사의 입장에서 볼 때는 도저히 간과할 수 없는 중대한 '결함'이었다. 문제를 대수롭지 않게 여긴 중국 회사와 반대로 문제를 매우 심각하게 받아들인 미국 회사 사이에 존재하는 간극은 결국 중국 기업이 그토록 바라던 제휴를 물거품으로 만들어 버렸다.

---

52 왕중추. 디테일의 힘. 올림, 2005

경영의 신, 왕융칭

2008년 10월 15일, 대만 최고 기업 포모사 그룹의 창업자인 왕융칭 회장이 92세를 일기로 세상을 떠났다. 30개 계열사에 9만여 명의 임직원을 두고 연매출 617억 달러(2007년 기준)를 올리며 '경영의 신(神)'으로 추앙받아 온 그의 첫 시작은 너무나 보잘것없는 '맨손과 맨발' 그 자체였다.

집안이 어려워 일찍부터 장사를 시작해야만 했던 그는 1932년, 16살에 고향을 떠나 자이(嘉義)라는 곳에서 쌀가게를 열었다. 작은 도시였던 자이엔 이미 30여 개의 쌀가게가 있어 경쟁이 매우 치열했다. 밑천이라곤 200위안이 고작이었던 그가 택할 수 있었던 점포는 행인도 별로 없는 외진 골목 한 귀퉁이가 유일했다. 뒤늦게 생긴데다 가게도 작았던 이곳은 단골 확보는커녕 쌀가게가 있다는 사실조차 알리기 어려운 곳이었다.

규모도 작고 자금도 부족한 그가 다른 가게보다 싸게 파는 도매를 한다는 건 애초부터 불가능했으며, 목이 좋아 손님이 끊이지 않는 가게와 달리 외진 골목에 있는 그의 가게엔 손님이 오지 않았다. 생각다 못해 쌀자루를 메고 집집마다 다녀보기도 했지만 별 효과가 없었다. 그만의 독특한 장기(長技)가 필요했다. 며칠을 곰곰이 생각하던 그는 품질과 서비스에서 살길을 찾기로 했다. 당시에는 길가에서 수확한 벼를 말려 도정을 했으므로 모래나 잔돌이 꽤 섞여 있었다. 이는 어느 쌀집이나 예외가 없었는데, 손님들은 이 부분을 당연하게 생각했으므로 파는 입장에서도 개의치 않았다.

그러다 보니 밥을 짓기 전에 쌀을 일어 돌을 골라내는 게 큰일이었다. 왕융칭은 너무나 당연해 보이는 이 점에서 역전의 실마리를 찾았다. 동생들을 동원하여 쌀에 섞인 이물질들을 모두 골라낸 뒤 판매하기 시작한 것이다. 이전보다 훨씬 더 많은 수고와 더불어 이물질이 줄어드는 만큼 쌀을 더 많이 줘야 하는 등 어느 면에서 보더라도 손해가 막심했다. 하지만 이 전략은 머지않아 큰 반향을 불러일으켰다. 왕씨 가게 쌀은 따로 일 필요가 없다는 소문이 퍼져 나가면서 손님이 늘기 시작했고, 그의 구석진 가게도 조금씩 나아지게 된 것이다. 그는 쌀의 품질을 높임과 동시에 서비스의 질도 개선했다.

"당시에는 쌀을 산 사람이 직접 쌀을 들고 가야 했다. 젊은이라면 몰라도 나이든 노인에게는 매우 힘든 일이 아닐 수 없었다. 게다가 젊은 사람들은 낮에는 늘 생계를 위해 바쁘게 뛰어다녀야 했으므로 쌀을 사는 것은 대부분 노인들의 몫이었다. 왕융칭은 이 점에 착안하여 손님의 집으로 직접 쌀을 배달해 주기 시작했다. 좋은 쌀을 편하게 살 수 있으니 손님들로서는 일석이조였다. 그는 처음 오는 손님의 집에 쌀을 배달해 줄 때마다 그 집 쌀독의 크기가 어느 정도인지, 식구는 몇 명인지, 어른이 몇 명이고 아이가 몇 명인지, 그리고 식사량이 얼마나 되는지 등을 세세히 기록하고, 이 기록을 토대로 손님의 집에 언제쯤 쌀이 떨어질 것인지를 예측하여 그때가 되면 손님이 가게에 찾아오기도 전에 미리 알아서 배달해 주었다. 그뿐만이 아니었다. 왕융칭은 손님이 쌀독에 쌀을 부어 달라고 할 경우, 쌀독에 쌀이 남아 있으면 그 쌀을 모두 퍼내고 나서 쌀독을 깨끗이 닦고 새 쌀을 먼저 담은 후에 남아 있던 쌀을 위에 부었다. 그래야 전에 남아 있던 쌀이 오래되어 변질되는 것을 막을 수 있기 때문이었다. 손님들은 이렇게 세심한 왕융칭의 배려에 감동했고 더 많은 손님들을 데리고 왔다."[53]

<hr>

[53] 왕중추. 디테일의 힘. 올림, 2005

KFC가 요리의 나라 중국에서 성공한 이유

KFC는 1987년 중국에 1호점을 개설한 이래 성장에 성장을 거듭해 왔다. 1996년부터 2000년까지 4년 동안에만 300개의 체인점을 새로 냈을 정도로 중국 대륙을 성공적으로 장악해 가고 있다. 이에 맞서 중국 업체들도 아류(亞流) 브랜드를 내세워 KFC에 도전장을 내밀었다. 가장 대표적인 것이 '룽화지'인데, KFC와 달리 중국인들이 좋아하는 음식을 곁들이는 한편, KFC보다 저렴한 가격으로 베이징과 텐진, 선전 등 전국 24개 도시에 룽화지 체인점이 생겨났다. 심지어 싱가폴과 체코 등 외국에서도 룽화지 체인점을 내겠다고 요청해 올 정도였다.

1994년 베이징에 체인점을 내면서 'KFC가 가는 곳이면 어디든지 간다'며 기세등등했던 룽화지는 어찌 된 영문인지 점점 KFC와 격차가 벌어지더니 급기야 2000년에 상징성이 큰 베이징 체인점의 간판을 내리게 되었다. KFC에 대한 룽화지의 도전이 실패로 끝나는 순간이었다.

엄청난 요리 문화를 보유한 중국에서 닭을 재료로 한 음식은 그 종류가 셀 수 없을 정도로 많았고, 수백 년 동안 먹어 왔던 요리이니만큼 중국인의 입맛에 더 잘 맞았을 것이다. 하지만 뚜껑을 열어 보니 결과는 영 딴판이었다. 중국 닭이 서양 닭에 맥을 못 춘 것이다. 왜 그랬을까?

KFC의 진정한 경쟁력은 제품을 둘러싼 엄격한 관리 제도에 있었다.

"KFC는 원료 입고와 제품 생산, 서비스에 이르기까지 모든 과정에서 엄격한 품질 기준을 적용하고 이를 철저히 실천했다. 배송 시스템의 효율과 품질, 양념의 배합 비율, 야채와 육류의 써는 순서와 크기, 조리 시간, 그리고 청소 순서와 과정을 일일이 규범화하고 계량화했으며 고객의 주문과 교환 요구, 결제, 고객 배웅, 그리고 돌발 상황이 발생했을 때의 대처 요령 등에 대해서도 구체적인 규정을 마련하고 주기적으로 평가했다. 직원들의 정확한 서비스를 위해 KFC는 매장의 모든 사원과 매니저, 본사 관리사원들에게 엄격한 교육을 실시했다."[54]

반면, 룽화지 등 한때 반짝했던 중국의 패스트푸드점들은 체계화된 규정이 아니라 조리사의 감에 따라 만들어지다 보니 음식의 질도 그때그때 달라질 수밖에 없었다. 튀김 닭을 예로 들면, KFC에서 사용하는 닭은 부화한 지 7주가 된 것들이다. 부화한 지 8주가 된 닭은 살은 통통한 반면 육질이 떨어지기 때문이다. 룽화지는 KFC를 흉내낼 수는 있었지만 제대로 베낄 수는 없었다.

[54] 왕중추. 디테일의 힘. 올림, 2005

차이를 만들어내는
1%의 비밀

"1%만 개선하고 변화시켜도 우리의 삶은 커다란 성과를 이룰 수 있고, 거의 모든 것을 크게 변화시킬 수 있어요. 한 번에 한 가지씩만 잘 해 나간다면 어떤 것이든 나아질 수밖에 없죠. 1%는 두 가지 커다란 이점을 가지고 있어요. 지속적인 1% 개선은 처음 출발점에서 멀리 나가게도 하지만, 무턱대고 코스를 정해 그것을 따르는 오류도 막아 주죠. 또 1%는 단순히 변화만 의미하지 않고 개선을 보장하는 마법과 같은 것이지요."[55]

1%의 개선이 대수냐 싶은 생각이 들 수도 있겠지만, 바로 이 1%가 결국에는 큰 차이를 가져온다. 무엇을 고를까, 무엇을 할까 선택의 고민에 빠질 때, 비슷한 부분이 서로 상쇄되면 남는 나머지 1%에 의해 결정되기 때문이다. 1% 차이가 전체를 좌우한다면 A/S 사업부의 남다른 1%는 무엇일까?

"판매 후 1년 6개월쯤 지나서 다정한 목소리로 고객에게 전화하라.

---

[55] 캔 블랜차드, 셀든 보울즈. 열광하는 팬. 21세기북스, 2001

혹시 고장난 데는 없는지, 사용하면서 불편함은 없는지 물어보라. 불편
하다고 하면 서비스 기사를 보내라. 그리고 출장비 받지 말고 해결하라.
전면 광고에 팡팡 돈을 쓰느니, 그 광고비를 아껴서 서비스 하나 더 하
는 게 낫다. 배송이나 설치 후에 잘 설치되었는지 전화하지 않는 회사는
없다. 고객도 다른 회사도 다 그렇게 하고 있다는 것을 안다. 고객이 아
쉬울 때와 잊어버릴 만할 때 서비스하라. 그러면 누구도 당신의 고객을
빼앗아가지 못한다."[56]

자전거 체인의 강도(强度)가 체인의 가장 약한 고리에 의해 결정되듯
이 기업의 경쟁력 또한 사소한 부분에서 결정되기 마련이다. 하루하루
가 모여 한 사람의 인생이 되는 것이니만큼 순간순간에 최선을 다해야
한다. 하찮게 보이는 작은 것이 정말 소중한 것이다.

56 김진동. 이기는 습관 2. 쌤앤파커스, 2009

07

보이지 않는 것을 보이게 하라

"죽은 다이애나는 영국인이었고, 사고가 발생한 곳은 프랑스 파리의 지하 차도였다. 타고 있던 차는 메르세데스 벤츠, 독일 차였다. 다이애나의 애인인 도드 파에드는 이집트 인이었고, 운전기사는 벨기에 인, 뒤쫓던 파파라치는 이탈리아 인이었다. 병원에 실려 갔을 때 집도한 의사는 미국인이었고, 그가 사용한 마취약은 남미 산 키니네(kinine)였다.
다이애나 왕세자 비의 죽음이 전 세계에 알려졌을 때, 사람들이 보던 PC 모니터는 한국제였고, 그 PC의 운영체제 윈도는 미국제였다. 다이애나 왕세자비가 묘지에 묻혔을 때 헌정된 화환은 네덜란드 산이었다."

이어령 교수가 EBS 특강에서 우리가 살고 있는 이 시대가 얼마나 세계화되었는지를 설명하면서 다이애나 왕세자 비의 죽음을 예로 든 것이다. 세계화라고 하는 '보이지 않는 개념'을 너무나도 명쾌하게 설명한 이 글이 시사하는 바는 크다.

왜냐하면 마케팅 관점에서 볼 때, 서비스란 고객이 인식한다는
전제하에 이루어지기 때문이다. 하지만 모두가 알고 있듯
대부분의 서비스는 눈에 잘 보이지 않거나 전혀 보이지
않는다. 그러다 보니 애쓴 노력에도 불구하고 정작 소비자들은
인식조차 못하는 경우가 많다. 한마디로 애쓴 보람이 무위로
돌아가 버리는 것이다. 관건은 보여 줘야 한다는 것이며, 보이게
만들어야 한다는 것이다. 그렇다면 보이지 않는 서비스를
어떻게 보이도록 만들 수 있을까?

디즈니 병원의
서비스 전략

전통적으로 의료 서비스는 질병의 진단과 치료 및 그에 따른 처치와 수술 등 보이지 않는 서비스가 대부분을 차지하고 있다. 그러다 보니 때때로 서비스에 따른 오해가 생기기도 하고, 심지어는 제대로 된 서비스에 걸맞은 평가와 인정을 받지 못하는 경우도 있다.

사실 의료 기관의 하드웨어에 해당하는 의료 장비, 건물과 같은 시설, 입원실 등 실내 인테리어 등은 눈에 보이는 것이나, 정작 의료 서비스의 핵심이라 할 수 있는 진단, 치료, 수술 등은 보이지도 않거니와 보여 줄 수도 없다. 따라서 수준 높은 의료 서비스나 진단 기술 등을 보여 줄 수만 있어도 중요한 마케팅 수단이 될 수 있다. 그렇다면 이러한 비(非)가시적 서비스를 고객들에게 제대로 보여 줄 수 있는 방법은 무엇일까?

많은 병원들이 환자의 편의를 위해 아무리 애를 써도 의료 서비스에 대한 환자들의 인식은 좀처럼 나아지지 않는다는 사실을 발견하곤 한다. 직원들에게 병실에 들어가기 전 노크를 하고, 커튼을 치고, 환자의 비밀을 보장하고, 밖이 시끄러울 때는 병실의 문을 닫아 주고, 신체 노출 부위를 가려 주도록 교육시켜도 정작 이렇다 할 인식의 개선이 보이지 않는 것이다. 프레디 리의 『디즈니 병원의 서비스 리더십』에서는 병원이 '염려한다'는 인상을 심어 주는 데 초점을 맞출 때 비로소 그러한 변화가 나타날 수 있다고 말한다.

"환자에게 뭔가 말하지 않으면 우리가 신경 쓰는 것을 알아채지 못한다. 한 간호사가 문을 닫고 커튼을 치고서는 환자의 프라이버시를 보호하기 위해 할 수 있는 모든 것을 했다고 생각하면서 처치를 시작했다. 그러나 간호사가 다음과 같은 말을 하지 않는 한 환자를 진정으로 염려하고 있다는 인상을 주긴 어렵다. "자, 목욕시켜 드리러 왔어요. 중간에 누가 들어와서 방해되지 않도록 문을 닫았어요. 이제 커튼도 쳐 드릴게요." 어떤 일을 하면서 환자에게 하는 말에 주의를 기울였을 뿐이었지만 직원들이 환자의 프라이버시에 대해 염려한다는 인상을 주게 됐다."[57]

57　프레드 리. 디즈니 병원의 서비스 리더십. 김앤김북스, 2009

환자들이 정말로
고맙게 느끼는 것

　뉴욕 대학교 의학 대학 신경학과 부교수로 알베르트 아인슈타인 의과 대학 신경학과에 재직 중인 올리버 색스(Oliver Sacks)는 노르웨이에서 등산을 하던 도중 산 중턱에서 '황소 조심!'이라는 경고판을 무시한 채 걸어가다가, 갑자기 황소를 만나게 된다. 그는 공포에 휩싸여 산을 달려 내려오다가 왼쪽 다리가 부러지는 사고를 당하고 만다. 그는 다리의 감각이 마비되는 '안톤 증후군'에 걸렸다. 훗날 기적적으로 완치되긴 했지만, 하루아침에 의사에서 걷지도 못하는 중환자가 된 뒤, 올리버 색스는 자신의 심정을 이렇게 표현했다.

　"지난 한 달 동안 나는 거의 죽을 뻔하다가 마지막 순간에 구조되었다. 난도질된 살이 꿰매지고 결합되었고, 아무런 느낌도 없는 지옥의 변방에서 끝이 없을 것 같은 긴 시간 동안 다리를 잃기도 했고, 회복이 불가능할 것 같았지만 기적같이 회복되었다. 나는 내면세계의 토대가 흔들리는 것을 경험했다. 아니, 내면세계가 완전히 파괴되는 것을 경험했다. 나는 이성이 창피당하는 일을 겪었고, 정신이 모욕당하는 일도 겪었다. 근육 조직과 감지력이 제 기능을 발휘하지 못하고 자연스런 육체와

영혼, 육체와 정신 간의 통일성이 깨져 버리면서 깊은 심연 속으로 빠져들기도 했다. 그런데 이성으로는 이해할 수 없는 어떤 힘에 의해 심연에서 구출되어 다시 태어났으며, 다시 한 번 삶에 대한 확신을 가질 수 있게 되었다. 나는 좌절했고 침몰하는 배 같은 신세였지만 아슬아슬하게 구조되었다."[58]

환자란 이처럼 심약한 존재다. 그런 의미에서 의사도 질병 앞에선 나약한 존재에 불과하다. 그렇기 때문에 힘든 시기를 잘 견딜 수 있도록 심리적 지지를 보내 주고, 잘 들어주고, 곁에 있어 주는 세심한 배려가 중요하다.

병원이 환자들을 염려하고 있다는 점을 보여 줄 수 있는 방법은 실제로 많지 않다. 그렇다고 실망해서는 안 된다. 환자들이 볼 수 없다고 해서 느끼지도 못하는 것은 아니다. 로렌스 사벳의 『차가운 의학, 따뜻한 의사』에서 만난 환자들의 기대는 모두 그런 내용들이다.

"내가 환자를 진료하면서 받았던 많은 감사 편지들 중에 '훌륭한 CT 촬영'이나 '멋진 혈액 검사'나 '적절한 수술 의뢰'에 대해 고맙다는 뜻을 전하는 것은 단 하나도 없었다. 그들이 고맙게 생각한 것은 내가 잘 들어준 점, 그들의 곁에 있어준 점, 힘든 시기를 잘 견딜 수 있도록 도와준 점, 심리적 지지를 보내준 점, 그들이 어떤 처지에 처해 있으며 어떻게 대처해야 하는지를 설명해준 점 등이며, 그런 것들이 바로 의학의 인간적 측면인 것이다. 환자들이 의사에게 기대하는 것은 그런 것이다."[59]

환자들이 '훌륭한 CT 촬영'보다 '곁에 있어준 것'을 더 중요하게 여기는 이유는 왜일까? 큰 질병 앞에선 누구나 나약한 존재가 되기 마련

---

58 올리버 색스. 나는 침대에서 내 다리를 주웠다. 소소, 2006
59 로렌스 A. 사벳. 차가운 의학, 따뜻한 의사. 청년의사, 2008

이다. 환자가 되면 마음이 약해지기 쉽고, 그래서 타인의 배려를 더 많이 필요로 한다. 그렇기 때문에 힘든 시기를 잘 견딜 수 있도록 심리적 지지를 보내 주고, 잘 들어주고 곁에 있어 주는 세심한 배려가 소중하게 와 닿는 것이다.

'고객의 소리 듣기' 사진전

지금까지 고객의 불만은 부정적인 것으로 여겨져 왔고 이에 대한 대응도 소극적인 경우가 많았다. 하지만 앞서가는 서비스 기업들은 단순히 내부 참고 사항으로 생각하기 쉬운 고객의 불만을 고객 감동의 계기로 활용하고 있다. 고객의 불만 사항을 시정할 뿐만 아니라 실제로 어떻게 바뀌었는지를 보여줌으로써 고객의 호응을 이끌어 내는 것이다.

실제로 한 백화점에서는 '개선 전·후 사진전'을 열어서 고객 불만에 대한 자신들의 응대 노력을 보여 주고 있다. 즉 접수된 고객의 불만 사항을 시정한 뒤, '개선 전·후 사진전'을 열어 변화를 보여 주는 것이다.

고객의 의견을 듣는 척만 하는 것이 아니라 실제로 어떻게 바꾸었는지 '사진전'을 통해 보여줌으로써 백화점이 '고객의 소리'에 진심으로 귀 기울여 듣고 있음을 느낄 수 있게 하는 것이다. 의례적이거나 관례적으로 여기고 그냥 넘겨버리기 쉬운 '고객의 소리 듣기'가 '개선 전·후 사진전'이라는 구체적인 행사를 통해서 소비자에게 전달되고 보이게 된 것이다. 보여줄 수 없었던 백화점의 마음을 보여준 것이다.

순종의 '쇠고기탕'

영화 〈식객〉 후속편으로 2010년에 개봉한 〈식객: 김치 전쟁〉의 카피는 "최고의 음식으로 마음을 움직인다."였다.

영화 속에서 주인공 '성찬'(김강우 분)과 '봉주'(임원희 분)는 순종을 모신 최고의 요리사였던 대령숙수의 적통을 놓고 요리 대결을 펼친다. 두 사람의 치열한 대결이 이어지고 마침내 마지막 대결 과제로 최종 승부가 결정되는 순간, 두 사람에게 주어진 과제는 조선의 마지막 임금인 순종께서 드신 후 눈물을 흘렸다는 '쇠고기탕'을 재현하라는 것이었다. 영화 속 관객들은 임금의 눈물을 자아낼 정도의 쇠고기탕이니만큼 무척이나 대단한 맛과 격식을 갖춘 것일 거라는 추측만 할 뿐이었다.

드디어 대결이 펼쳐지고 봉주는 자신의 할아버지가 감춰온 비법을 어렵사리 알아내 화려하기 그지없는 '비전지탕'을 차려 낸다. 반면 성찬은 어디서나 흔히 접할 수 있는 '육개장'을 요리해 낸다. 한국측 심사위원들이 평범하기 짝이 없는 육개장을 보며 혀를 차고 있을 때, 대령숙수의 칼을 돌려주러 온 후지하라의 표정은 유독 남달랐다. 그는 조선의 대령숙수가 순종 임금에게 마지막으로 올린 쇠고기탕을 맛본 일본 관리의 후손이었기에 소문으로만 전해 오던 마지막 쇠고기탕의 맛을 가장 잘 알고 있던 사람이었다. 그는 성찬이 만든 육개장을 맛본 후 이것이야말로 '바로 그 쇠고기탕'이 맞다며 이렇게 말한다.

"이제야 알게 되었습니다. 순종 임금께서 왜 눈물을 보이셨는지 말입니다. 이 쇠고기탕에는 조선의 모든 것이 들어 있습니다. 평생 묵묵히 밭을 가는 소는 조선의 민초요, 고추기름엔 맵고 강한 조선인의 기세가, 어떤 병충해도 이겨 내는 토란대에는 외세의 시련에도 굴하지 않아야 할 이유가, 고사리에는 들풀처럼 번지는 생명력이 담겨 있습니다. 대령숙수가 임금께 올린 것은 단순한 쇠고기탕이 아니었습니다. 나라를 잃고 상심한 임금에게 대령숙수는 영원히 끝나지 않을 조선의 정신을 아뢰었던 것입니다. 순종 임금은 대령숙수의 그 마음을 읽은 것이지요."[60]

---

[60] 소래섭. 백석의 맛. 프로네시스, 2009

늦깎이 대학생의
입시 전략

〈몽정기〉라는 영화로 잘 알려진 정초신 감독은 한양대학교 연극영화과 출신이다. 하지만 이곳에 입학하기 전에 이미 여러 학교를 옮겨 다니며 재수와 삼수를 거듭했다고 한다. 적성에 맞는 학과를 찾지 못한 방황 속에서 마침내 본인이 가야 할 길이 영화에 있음을 깨닫게 되었다. 하지만 연극영화과가 아무나 갈 수 있는 곳은 아니지 않는가. 입시에서 실기가 병행되는 그야말로 예술적 '끼'가 필요한 부분인데, 정작 그는 뜨거운 '열정'밖에 가진 것이 없었다. 게다가 그가 가진 열정이란 게 쉽게 보여줄 수도 없는 것이었으니 입학이 쉽지 않았던 것은 당연했다. 하지만 그는 열정을 보여 주는 데 성공했고 원하는 대학에 들어갔다.

정초신의 도전은 자신을 벼랑 끝에 세운 결정이었다. 24살인 그에게 모두들 무모한 도전이라 고개를 저었다. 한양대의 수능 성적 비중이 높았다는 점이 다소 위안이 됐을까. 실기 비율이 20%로, 이중 영화 감상문 10%, 면접 5%에 연기 점수가 5%였다. 연기 연습이라고는 해본 적이 없는 그는 영화 감상문과 면접에 승부를 걸기로 하고 어떤 영화가 나올 것이며, 누가 채점을 하는지 알아보았다.

채점은 국문과 교수가 한다는 사실을 알아내고 해박한 영화 이론을 제시하기보다 채점 위원의 눈높이에 맞춰 고급스러운 한자로 감상문을 적어 내기로 했다. 일상에서 거의 사용하지 않아 어지간한 사람들은 읽지도 못하는 희귀 단어 10개를 선별해 외우고 또 외웠다. 이를 토대로 400자 원고지 2장 분량의 영화 감상문을 토씨만 빼고 한자로 가득 채웠다. 이제 남은 것은 연기와 면접이었다. 연기야 갑작스레 어찌 할 수 있는 것이 아니더라도 면접만큼은 포기할 수 없었다.

어떻게든 얻을 수 있는 5%는 반드시 얻어 내야 했다. 면접에 대해 연구에 연구를 거듭했다. 결국엔 왜 이 학과에 지원했느냐는 질문이 꼭 나올 것 같았다. 그래서 그는 그 질문에 대한 가장 인상적인 답변을 쥐어짜고자 며칠을 고민했다고 한다.

"우리는 학교에서 음악을 배웁니다. 미술도 배웁니다. 체육도 배웁니다. 교련까지 배웁니다. 연극은 문화, 미술, 음악, 무용, 건축을 총체적으로 반영하는 종합 예술입니다. 그런데 왜 우리나라에서는 초·중·고 교과과정에 연극이 없습니까? 저는 연극교육학을 공부하기 위해 지원했습니다. 제가 합격한다면 정부가 연극을 정규 교과과정에 포함하게 만들기 위해 노력할 겁니다. 연극영화과 학생들이 교직 과목을 이수하면 교사 자격을 취득할 수 있도록 할 겁니다."[61]

정초신의 당찬 대답에 면접관들은 더 이상 아무것도 묻지 않았다. 그는 결국 한양대 연극영화과에 3등으로 합격했다. 아무런 준비 없이 영화에 대한 열정만 가득했던 그가 꿈을 이룰 수 있었던 것은 남다른 그의 열정을 보여 주었기 때문이었다.

---

[61] 정초신. 인생흥행의 법칙. 끌레마, 2009

08
리마커블이 감동을 낳는다

일본 긴자의 어느 만주 가게에서 있었던 일이다. 퇴근 시간이
되어 가게문을 닫고 있는데, 한 남자가 와서 자기 아버지가
위독한데 이 가게의 만주를 꼭 드시고 싶어한다며 간곡하게
부탁하는 것이 아닌가. 잠깐 머뭇거리던 직원은 다시 문을 열고
들어가 만주를 포장해 내주었다. 남자가 만주 값을 내놓자 그
직원은 정중히 고개를 숙이며 이렇게 말했다.
"저희 가게를 아껴 주셔서 감사합니다. 만주는 선물로 드리는
것이니 받아 주십시오." 손님을 돌려보낸 후 직원은 자기
지갑에서 돈을 꺼내 카운터에 올려놓고 퇴근을 했다.

남에게 폐를 끼치는 것을 죽기보다 싫어한다는 일본인.
죄송하다는 뜻의 '스미마센'을 입에 달고 사는 일본 사람으로선
이미 닫은 가게 문을 다시 열어 달라는 것만으로도 아주 큰
'스미마센'이었을 것이다.

하지만 가게 문이 다시 열렸음은 물론, 예상치도 않았던 공짜 만주를 받아든 그 남자에게 이 가게는 어떻게 기억될까? 아마도 그는 평생토록 그 만주 가게를 잊지 못할 것이다.

『보랏빛 소가 온다(Purple Cow)』의 저자 세스 고딘은 흔해빠진 누런 소 를 갖고는 더 이상 고객의 관심을 끌 수 없다고 말한다. '약간 다른 것'으로는 부족하다. 대신 '전혀 다른 것'이 필요하다. 첫눈에 봐도 감탄사가 나올 만큼의 경이로운 것! 그것이 바로 리마커블이다.

420포대의 동전을 수납한 은행

2006년 우리은행 강남 교보타워 지점은 '사랑의 교회'로부터 동전 420여 포대를 넘겨받았다. 방화용 모래주머니 크기에 담긴 이 동전들은 교회가 북한 어린이 돕기 운동의 일환으로 신자들로부터 헌금을 받은 것이다. 하지만 420포대에 달하는 엄청난 양의 동전을 반기는 은행이 없었다. 결국 우리은행 교보타워 지점이 아무도 달가워하지 않았던 동전 분류 작업을 맡게 되었다. 은행 직원과 교회 신자 등 15명이 영업 시간인 오전 9시 30분부터 오후 4시 30분까지 작업해 열흘 만에 끝났다. 금액은 모두 9,850만 7,710원이었다.

사랑의 교회 측은 은행 직원들의 정성에 감동하였고 정기예금 50억 원을 예치하면서 우리은행 교보타워 지점과 첫 거래를 텄다. 엄청난 양의 동전 분류 작업을 마다하지 않고 서비스업의 본분을 지킨 결과였다.

총각네 야채가게의 단골 관리

똑똑한 사람은 아는 게 많은 사람이고, 능력 있는 사람은 아는 사람이 많은 사람이다. 총각네 야채가게 직원들은 저마다 200명가량의 단골손님에 대한 고객 정보를 기억하고 있다고 한다. 그야말로 이곳에선 아는 사람이 많아야 능력 있는 직원이 되는 것이다. 이들은 고객 카드를 만들어 기록하지는 않지만 손님의 외모와 옷차림 및 행동, 그리고 손님과의 대화 과정에서 알게 된 정보를 기억하여 상황에 따라 다음과 같이 적절히 활용한다고 한다.

"뭘 골라야 할지 모르시겠어요?"

"응, 우리 아들 녀석 기운 차리라고 뭔가 해 줘야 할 텐데, 글쎄 오늘은 뭐가 좋을까?"

"아드님이 기숙사에서 나왔군요?"

"그래서 말이야. 집에 있는 동안이라도 몸보신 좀 시켜 주려고."

"그럼 갈치조림 어때요? 오늘은 갈치가 정말 싱싱하고 좋거든요. 아드님이 갈치 좋아한다고 하셨잖아요."

"아유, 그것도 기억해?"[62]

　야채가게 직원이 단골손님 아들의 입맛까지 꿰차고 있다면 게임 끝이다. 이 가게가 정말로 남다르다는 확신을 주었을 테고 그때부터 그 아주머니 손님은 총각네 야채가게를 알리는 입 큰 자원봉사자가 되어 줄 것이다. 손님이 부탁하지도 않은 홍보대사가 되는 이유는 전혀 기대하지 않았던 가치를 제공받았기 때문이다. 더욱이 그 경험이 놀랍고 감동적이라면 더 말해 무엇하랴. 잊을 수 없는 경험을 한 손님들은 만나는 사람들에게 이를 알리는 수고로움을 마다하지 않는다. 단순 고객이 아니라 팬이 되었기 때문이다.

62　김영한, 이영석. 총각네 야채가게. 거름, 2003

리바이스의 맞춤 청바지

제임스 딘이라는 배우의 젊고 강한 이미지 때문에 영원한 젊음과 낭만의 표상으로 남아 있는 리바이스 청바지. 하지만 끊임없는 혁신의 선구자이기도 하다.

리바이스의 퍼스널 페어 진(Personal Pair Jeans)이라는 맞춤 청바지가 있다. 매장에서 치수를 재고 거기에 맞춰 청바지를 새로 만들고 고객의 집까지 보내 준다. 세계에서 단 하나밖에 없는 나만의 청바지가 만들어지는 순간이다. 이제 더 이상 리바이스의 핵심 경쟁력은 청바지라는 '제품'에만 한정되지 않는다. 그보다는 청바지의 핵심 경쟁력이 서비스에서 나오고 있다.

제품 그 이상의 놀라운 경험은 두고두고 고객들의 마음속에 감동으로 남는다. 많은 미래학자들은 앞으로 리바이스 청바지처럼 맞춤 제품들이 유행할 것이라고 예측하고 있다. 지금까지 제품으로만 여기던 많은 제품들이 서비스화될 것이란 얘기인데, 실제로 주요 기업들의 사명 선언서에서도 서비스에 대한 언급이 잦아지고 있다.

"미국 최상위 기업들의 미션 선언문 301개에 들어 있는 단어들을 일일이 세어 분석한 제레미 불모어에 의하면 주요 등장 단어의 빈도수는 다음과 같다고 한다."[63]

서비스	고객	품질	가치	고용인	성장	환경	수익	리더	최고
230	211	194	183	157	118	117	114	104	102

[63] 잭 트라우드, 스티브 리브킨. 단순함의 원리. 21세기북스, 2008

 일본전산의 리마커블
서비스

'즉시 한다', '반드시 한다', '될 때까지 한다'라는 독특한 모토로 세계
적인 기업을 일군 일본전산(日本電産)은 기술적 명성 못지않게 회사 설
립 초기에 독특한 신입사원 선발 방법으로도 잘 알려져 있다. 일본전산
의 신입사원 선발 기준이 '목소리 큰 사람', '밥 빨리 먹는 사람', '화장
실 청소 잘하는 사람', '오래 달리기에 능한 사람' 등 해마다 기준이 바
뀌었지만, 쓸 만한 사람을 뽑고자 하는 마음엔 변함이 없었다. 목소리가
크다는 것은 자신감이 있다는 뜻이고, 밥을 빨리 먹는다는 것은 위가 튼
튼하여 건강하다는 뜻이며, 청소는 모든 일의 기본으로 청소를 잘하는
사람이 정리정돈도 잘하기 때문에 시험해 본 내용들이다. 마지막으로
오래 달리기는 지원자의 투지를 살펴볼 수 있는 좋은 방법이었다.

　다소 엉뚱하지만 모터 한 분야만으로 세계 최고의 반열에 오른 일본
전산의 힘의 원천을 잘 보여 주는 일화가 있다.

　사건의 발단은 1990년대 중반의 어느 가을날, 일본전산의 주요 고객
사인 대기업 공장에서 시작된다. 일이 벌어진 것은 금요일 오후. 모터
문제로 생산 라인이 멈춰선 것이다. 일본전산에서 납품한 모터의 수량

은 미미한 반면, 대부분의 설비가 다른 두 회사에서 납품한 것이었다. 일본전산보다 크고 지명도가 높은 이 회사들의 제품이 공장 가동의 핵심을 차지하고 있었다. 생산이 정지됐으니 공장은 물론 본사에까지 비상이 걸렸다. 본사의 모터 담당 직원은 모터를 납품한 두 회사에 긴급히 전화를 했다. 첫 번째로 전화를 건 곳의 담당 직원은 자신의 회사 모터에 그런 문제가 있을 리 없으니 다시 한 번 차근차근 점검해 보라며 오히려 담당자를 훈계하는 것이 아닌가.

하지만 공장을 그대로 계속 멈춰 둘 수 없었기에 두 번째 회사에 전화를 걸었다. 그러고는 현장에서도 정확한 원인을 찾지 못하고 있으니 직접 와서 확인해 달라고 부탁했지만, 두 번째 회사 직원의 반응은 오늘이 금요일이라 주말이 지나 월요일에 조치해 주겠다는 것이었다.

속이 탄 담당자가 마지막으로 전화한 곳은 일본전산이었다. 하지만 일본전산의 납품량이 워낙 적어 큰 기대는 하지 않았다. 기술력도 검증되지 않은 후발업체였지만 지푸라기라도 잡는 심정으로 걸어 보았고, 그 전화를 받은 사람은 다름 아닌 입사 2년차 직원이었다. 정확히 이해하긴 어려웠지만 그 직원은 상황이 심상치 않음을 확실히 느낄 수 있었다. 바로 그 순간 전화가 끊어졌다. 자신의 실력으로는 문제 해결이 어렵다는 생각에 선배 직원에게 넘기려다 실수로 그만 전화가 끊긴 것이다. 상대편 담당자가 다시 전화를 걸었을 때, 방금까지 통화했던 그 직원은 이미 자리에 없었고 다른 사람이 받았다. 담당자는 황당해하며 비즈니스의 기본이 안 되었다며 일방적으로 전화를 끊었다. 한편, 공장에선 대책 회의가 열렸다. 하지만 정확한 원인을 알아낼 길이 없다 보니 월요일에 A/S를 받는 것 외엔 다른 길이 없었다. 바로 그때 일본전산 직원이 도착했다. 전화를 끊은 지 두 시간 정도 지나 90도로 인사하면 들어선 것이다. 그 직원은 죄송하다는 말과 함께 즉시 조치하겠다며 현장으로 달려갔다. 하지만 신출내기 직원이 그 상황에서 할 수 있는 일이 뭐가 있었겠는가. 당연히 본사 기술 연구소의 설계 담당자와 제품 실험 담당자는 물론, 동일한 품목을 다른 공장에 납품한 경험이 있는 선배들 모두가 차례차례 전화기를 통해 불려 나왔다.

다급한 현장 상황을 보고받은 일본전산의 본사도 덩달아 바빠졌다. 시시각각 떨어지는 지시 사항을 듣고 적어가며 2년차 직원은 부지런히 모터를 살려 내려고 갖은 애를 썼다. 그런 그의 모습에 공장 관계자들은 큰 감동을 받았다. 다행스럽게도 얼마의 시간이 더 지나 고장 원인을 알아냈고 다시 모터가 움직이기 시작했다. 빨라야 월요일쯤이라 생각했던 공장 재가동이 금요일로 크게 앞당겨진 것이다. 걱정되는 마음에 금요일과 토요일 이틀간 일본전산 직원은 공장에 그대로 남아 있었다.

"토요일 오후, 일본전산 본사로 긴급 발주서가 들어왔다. 당연히 월요일 아침부터는 다른 회사 모터는 더 이상 사용할 수 없게 됐다. 이 사건 이후에는 그 고객사의 다른 공장도 확장 때 전량 일본전산 모터를 사용할 수밖에 없었다. '즉시 한다. 반드시 한다. 될 때까지 한다.'는 모토가 일군 승리였다."[64]

64 김성호. 일본전산(日本電産) 이야기. 쌤앤파커스, 2009

속 깊은 우동 한 그릇

많은 이들을 감동시켰던 구리 료헤이의 단편 소설 『우동 한 그릇』에는 다음과 같은 인상적인 내용이 나온다.

몹시 바쁜 하루를 끝내고 가게를 닫으려고 할 때 '드르륵' 하고 문이 열리더니 두 사내아이를 데리고 한 여자가 들어왔다. 여주인은 여자가 입고 있는 체크무늬 반코트를 보고, 1년 전 섣달 그믐날의 마지막 손님들임을 알아보았다.

"저, 우동 1인분입니다만……, 괜찮을까요?"

"물론입니다. 어서 이쪽으로 오세요." 여주인은 작년과 같은 2번 테이블로 안내하면서, "우동 1인분!" 하고 커다랗게 소리쳤다.

"네엣! 우동 1인분!"이라고 주인은 대답하면서 막 꺼버린 화덕에 불을 붙인다.

"저, 여보. 서비스로 3인분 내줍시다." 조용히 귀엣말을 하는 여주인에게, "안 돼요. 그러면 도리어 저분들의 마음을 상하게 할지도 몰라요." 라고 말하면서 주인은 둥근 우동 한 덩이 반을 삶는다.

처지가 딱해 보이는 세 모자에게 공짜로 우동 세 그릇을 줄 수도 있었지만 그들의 자존심이 다칠까 봐 슬쩍 반 덩이를 더 넣어 푸짐한 1인분을 만들어 주는 마음 씀씀이, 이것이 진정으로 고객을 배려하는 마음가짐이다. 주인 내외는 고객의 남루한 모습에서 느껴지는 '가난'을 동정하기보다는 사랑으로 뭉친 이 가족의 마지막 남은 '자존심'에 상처를 주지 않으려는 차원 높은 서비스를 제공한 것이다.

예치과의 일류 호텔 서비스

『리마커블 서비스(Remarkable Service)』는 서비스란 무엇인가에 대해 깊은 생각을 하게 만드는 책이다. 저자 장정빈은 HSBC 은행의 상무로 고객경험(Customer Experience) 업무를 총괄하고 있다. 이 책이 특히 인상 깊었던 이유는 관심 분야인 의료 기관에 대한 사례를 다루고 있기 때문이다.

장정빈은 사무실 바로 옆 건물에 있는 예치과를 찾아가 충치를 뽑고 스케일링을 했다. 치과에서 흔히 하는 발치와 스케일링 서비스를 받으며 저자는 그동안 가졌던 병원에서의 안 좋은 추억을 날려 보냈다. 마치 일류 호텔에서와 같이 정중하고 따뜻한 배려로 아름다운 추억까지 생겼다고 한다.

먼저, 검사와 진찰을 받으려고 진료실 이곳저곳을 옮겨다니는 고역을 겪지 않아도 되었다. 대신 의사가 환자가 있는 곳으로 오든가 서비스 전문 코디네이터가 환자의 동선을 잘 안내해 주었기 때문이다. 다음으로, 치료 받아야 하는 이유나 치료 방법 등에 대해 상세하게 설명해 주는 스몰토크(small talk)가 시종일관 제공된다는 점이다. 예를 들어 "이가 약간 시릴 수 있습니다, 참기 어려우시면 왼손을 들어 주세요, 기계 돌아가는 소리가 크게 나니 놀라지 마세요, 아프지는 않습니다, 가장 어려운 것은 다 했습니다, 잘 참으셨습니다, 10분 정도 더 걸립니다." 같은 표현들이다.

마지막으로, '환자 중심'의 대응이다. 환자 입장에선 전혀 급하지 않은 환자이름과 주소 등을 무엇보다 먼저 물어보는 일반 병원들과 달리 '어떤 증상으로 내원했는지, 치료에 대한 두려움이 있는지' 등 환자 입장에서 먼저 물어보는 그 느낌이 좋았다. 그 치과의 서비스가 얼마나 리마커블했던지, 장정빈은 그 책에서 다음과 같이 언급하고 있다.

"진료비는 내가 생각했던 것보다 상당히 비싼 편이었다. 그러나 나는 다른 치과를 찾지 않을 것이다. 치료 과정은 어디든 똑같겠지만 바보가 아닌 이상 이렇게 기분 좋은 곳을 두고 어디 가서 또다시 평범한 환자가 되어 병원의 시스템에 맞추어 고통스런 경험을 자초한단 말인가."[65]

[65] 장정빈. 리마커블 서비스. 올림, 2009

개인적 서비스가
특별한 이유

리마커블 서비스가 꼭 대단하고 어려운 것일 필요는 없다. 『디즈니 병원의 서비스 리더십』을 보면 부서장이 직원들에게 "오랫동안 보지 못해 너무 보고 싶은 친구들이 주말에 찾아온다면 나는 어떤 준비를 하겠는가?" 하고 묻는 장면이 나온다. "화장실 청소를 하고 깨끗한 수건을 걸어 놓는다, 침대 시트를 바꾼다, 카펫 청소를 한다, 친구들이 좋아할 만한 특별한 음식과 음료수를 냉장고에 가득 채워 놓는다, 잔디를 깎는다, 세차를 한다" 등 목록은 끝도 없이 이어진다.

그리고 다음 질문이 이어진다. "보고 싶어했던 사람들이 후에 또다시 찾아와 주기 바란다면, 그들이 머무는 동안 당신이 하고 싶은 것과 하지 말아야 할 것들은 무엇인가?" 두 번째 목록은 다음과 같은 내용들이었다. "그들이 하고 싶어하는 것들을 물어보고 함께 한다, 화장실을 먼저 사용하게 한다, 좋은 음식을 제공하고 잔이 비워지지 않도록 신경 쓴다, 예의 바르고 친절하게 대한다, 사생활을 존중해 준다, 항상 쾌활하게 미소 짓는다, 깔끔하게 차려 입는다, '부탁해', '고마워', '실례해'라고 말한다, 그들이 좋아할 만한 음악을 틀어 준다, 그들 앞에서 가족의 사적인 문제를 논하지 않는다."

『디즈니 병원의 서비스 리더십』의 저자인 프레드 리는 진정한 서비스란 개인적인 서비스라고 말한다.

"우리는 주인이고, 고객은 손님입니다. 모든 고객을 개인적으로 좋아하는 친구처럼 대하세요. 그들이 여러분의 집에 머물고 있을 때처럼 친절하게 대하는 거죠. 매일 항상 그렇게 해야 합니다. 당신이 당신 집에 찾아온 손님들을 행복하게 만들어 주고 싶은 것처럼, 고객의 행복이 우리의 임무라고 말했던 약속을 지킬 수 있도록 여러분이 도와주어야 합니다."[66]

66 프레드 리. 디즈니 병원의 서비스 리더십. 김앤김북스, 2009

서비스 고수를 감동시킨 막걸리 장수

웬만한 산 중턱이나 정상 주변에는 막걸리를 파는 장사꾼들이 있기 마련이다. 하지만 등산객 수가 한정되어 있어 장사꾼들의 경쟁은 생각보다 치열하다. 그래서 목마른 등산객에게 한두 잔의 막거리를 파는 데도 남다른 장사 수완이 필요하다. '쪼끼쪼끼 생맥주'로 잘 알려진 서비스 업계의 고수 김서기 회장도 산행을 할 때면 막걸리를 거르는 법이 없다. 그런 그에게 특별한 감동을 준 막걸리 장수가 있었다고 한다.

눈도 거의 녹지 않은 날이지만 나는 어김없이 등산을 했다. 산 입구에 들어서는 순간 정상에서 맛볼 막걸리가 먼저 떠올랐다. 그러나 정상이 가까워 올수록 몸이 으스스해서 오늘은 막걸리 마시는 것을 건너뛰기로 했다. 정상에 오른 후 막걸리 장수의 눈을 피해 산을 내려가는데 뒤에서 우렁찬 소리로 "사장님, 안녕하십니까? 추운데도 나오셨네요!" 하는 인사가 들렸다. 하는 수 없이 고개를 돌려 "오늘은 추워서……." 하고 변명을 하려고 마음을 먹었는데, 내가 말문을 열기도 전에 막걸리 장수가 주전자통을 들고 나와 "오늘은 따뜻한 막걸리와 시원한 막걸리가 있는데, 어떤 걸 드시겠습니까?" 하고 물었다.

"따뜻한 막걸리요. 어디 한 번 줘 보소." 나는 내 귀를 의심하며 한 잔 청해 보았다. 막걸리 장수가 주전자통을 높이 들고 술술 따라 주는 뽀얀 막걸리에서는 김이 모락모락 올라왔다. 사실 미지근한 정도의 막걸리였지만 마시고 나니 훈훈해지는 걸 느낄 수 있었다.

'아니, 어떻게 내 마음을 알았지?'

나는 내 마음속을 꿰뚫어 본 막걸리 장수의 마음 씀씀이에 감동할 수밖에 없었다.[67]

감동은 어디서나 꽃피우게 마련이다. 리마커블한 서비스란 최고급 최상품 서비스에만 있는 전유물이 아니다. 서비스 업계의 고수를 감동시킨 진짜 고수, 막걸리 장수! 판에 박힌 전형적인 서비스 테크닉이 아니라 고객의 입장에서 고객의 생각을 읽어낼 때 고객의 마음은 저절로 열리게 되어 있다. 한 겨울에 막걸리 장수가 그 길을 보여 주고 있다.

---

[67] 김서기. 막걸리 한 잔에도 서비스 정신 담아라. 이코노믹 리뷰 2006. 1. 3.

십만 불짜리 후추 셰이커

『마지막 강의』로 유명한 랜디 포시 교수의 어릴 적 이야기다. 랜디는 열두 살이 되던 해에 가족과 함께 디즈니월드로 여행을 떠났다. 부모님께 선물을 드리고 싶은 마음에 누나와 함께 기념품 가게에서 어린아이들에겐 큰 돈인 10달러를 들여 도자기로 만든 후추 셰이커를 샀다. 그런데 선물을 들고 오다가 그만 도자기를 깨뜨리고 말았다. 상심한 남매는 그 자리에 주저앉아 울음을 터뜨렸다. 마침 지나가던 한 여성이 깨진 후추 셰이커를 보고, 가게로 다시 가져가서 바꿔 달라고 말하라고 했다. 그녀는 아마도 새 것으로 바꿔줄 거라며 용기를 북돋워 주었다. 다행히 기념품 가게 직원은 깨진 후추 셰이커를 새 것으로 바꿔 주었다.

"그들은 포장을 제대로 해 주지 않았으니 이 일은 자신들의 잘못이라고까지 말해 주었다! 그들이 하고자 했던 말은 '우리에게는 열두 살짜리 소년이 신나게 놀다가 떨어뜨릴 경우에도 버틸 수 있게 포장해야 할 책임이 있다.'라는 것이었다."[68]

---

[68] 랜디 포시. 마지막 강의. 살림, 2008

아이들로부터 기념품 가게에서 있었던 이야기를 전해 들은 랜디의 부모님은 디즈니월드를 새롭게 여기게 되었고, 이후 디즈니에 10만 달러 이상의 돈을 벌수 있게 해 주었다. 랜디의 부모님은 20년 동안 메릴랜드 출신의 비영어권 외국인 학생들을 디즈니 공원으로 초대하는 봉사 활동을 계속해 왔다. 당연히 20년 동안 자기 돈으로 디즈니월드 입장권을 구입한 것은 물론이고 음식과 기념품 등 총 10만 달러 이상을 디즈니에서 썼다. 아이의 부주의로 깨져 버린 후추 셰이커를 기념품 가게에서 선선히 교환해 주지 않았다면 결코 있을 수 없는 일이었다.

리마커블 상사

　병원에서는 환자가 입원하면 환자의 인적 사항을 적은 차트를 침대 앞쪽에 붙여 놓는다. 의사와 간호사들이 환자에 대한 정보를 잘 숙지하고 있어야 하고, 또 환자와 치료자 간 상호작용이 치료 과정이나 결과에도 많은 영향을 미치기 때문이다. 하지만 현실이 꼭 그렇지만은 않다. 돌봐야 할 환자가 너무 많고, 처리해야 할 일들도 잔뜩 쌓여 있기 때문이다. 심지어 혼수 상태에 빠졌거나 의사소통이 불가능한 중환자들의 경우, 하나의 인격체로 보지 않는 경우도 간혹 있다. 의료 현장에서 워낙 급박한 사례들을 자주 접하다 보니 마음까지 메말라진 탓이다.

　하지만 리마커블한 상사가 있다면 얘기는 달라진다.

　치매 병동에서 일하는 한 간호사가 일을 시작한 첫 주에 그녀의 상사가 손을 끌며 이렇게 말했다. "나와 같이 갑시다. 당신에게 보여 주고 싶은 게 있어요." 그 상사는 어느 환자의 방으로 그녀를 데려가 환자의 가족들이 침대맡에 놓아 둔 물건들을 가리켰다. "왼쪽은 메리의 가족 사진이고, 오른쪽은 그녀의 결혼 사진이에요. 또, 이건 메리와 두 딸의 사진이고요. 큰딸은 올랜도 교향악단에서 바이올리니스트로 일하고, 둘째 딸은 대학에서 불문학을 가르쳐요. 메리가 프랑스 어를 유창하게 한다는 걸 알고 있나요? 전쟁에 참전한 메리의 아버지는 프랑스 여인과 결혼한 뒤, 아내의 가족과 함께 프랑스에서 오랫동안 살았어요."

이어 두 사람은 열두 개의 병실을 차례로 모두 방문했고, 그때마다 상사는 모든 환자들에 대해 똑같이 이야기해 주었다. "나는 나의 상사가 환자들에 대한 나의 태도를 어떻게 바꿔 놓았는지 절대 잊지 않을 겁니다. 그날 이후 나는 환자들을 평범한 사람으로 보게 되었고, 그들의 현재 모습보다는 그 전에 어떤 사람이었는지를 먼저 생각하게 되었습니다. 그날 이후 나는 환자들을 더욱 정성껏 보살필 수 있었습니다. 왜냐하면 내가 환자 한 사람 한 사람을 개인적으로 잘 알고 있다는 느낌이 들었기 때문입니다."[69]

이런 상사와 함께라면 '환자를 내 가족처럼 대하겠다'고 다짐했던 간호사의 첫 마음은 쉽게 변하지 않을 것이다. 서비스 조직에서 리마커블한 상사는 리마커블한 서비스를 보장하는 중요한 요소 중 하나다.

69 프레드 리. 디즈니 병원의 서비스 리더십(If Disney ran your hospital). 김앤김북스, 2009

09
열정과 신뢰가 힘이다

칼국수가 다 끓었는데 글쎄 어머니는 그 국수들을 통째로 쓰레기통에 내버리는 것이 아닌가. 겨우 한 젓가락 맛을 보고 제대로 만들어진 국수가 아니라 도저히 손님에게 줄 수 없다며 버린 것이었다. 한 이십 여분 지났을까, 손님들이 화를 내기 시작했다. 하지만 어머니는 다시 만든 칼국수를 또다시 쓰레기통에 버렸다.

"어머니! 이래서 어떻게 장사를 하시겠단 거예요?"

"애야, 나를 찾아온 손님들이야. 아무 맛이나 보여줄 순 없지 않니?"

삼십 분이 지나고 성질 급한 손님들은 온갖 불평을 쏟아 내며 나가 버렸다. 손님 한 명만이 자리를 지키고. 드디어 칼국수가 완성되었다.

최인호의『인연』에 실려 있는 '세상에서 가장 아름다운 국물'이라는 글이다. 이 식당은 이제는 너무 유명해져 알 만한 사람은 다 아는 명소가 되었다고 한다. 정성을 다하면 결국 사람들은 그것을 알아준다.

배병우와 오카노 마사유키의 열정

지난 25년 동안 사진작가 배병우의 관심사는 오직 소나무뿐이었다. 그리고 앞으로도 계속 소나무는 그의 주 관심사가 될 것 같다. 이런 그만의 예술 철학을 느꼈기 때문일까. 2005년 봄, 런던에서 세계적인 가수 엘튼 존이 이 작가의 소나무 사진 한 점을 2,700만 원에 구입했다. 지금 현재 배병우 작가의 사진 작품은 한 점당 1억 4,000만 원을 호가하는 국내 최고 수준의 작가가 되었다. 그가 30년 동안 학생들에게 해주는 이야기는 언제나 똑같다.

"지름길은 없다! 무조건 열심히 해라! 열심히 하다 보면 길이 생긴다!"

록키 시리즈의 완결편인 『록키 발보아』에서 다시 링에 서겠다는 그를 말리려던 아들에게 록키는 다음과 같이 말한다. "세상을 힘껏 살아가야 돼. 네가 얼마나 성공적으로 사는냐가 아니라 네가 얼마나 치열하게 살아가느냐가 더 중요한 거야. 조금씩 앞으로 나아가면서 하나씩 얻어가는 거야. 계속 앞으로 나아가면서 말이야. 그것이야말로 진정한 승리야."

　그런 면에서 배병우는 또 하나의 록키 발보아다. 그가 말하는 사진 잘 찍는 법은 너무나 간단하지 않은가. 많이 찍으면 된다는 것이다. 하나씩 하나씩, 매일매일 조금씩 찍으며 나아가고, 그렇게 조금씩 나아가는 동안 자신도 모르게 조금씩 발전한다는 것이다.

　일본 대기업은 물론이고 미 국방부와 NASA까지, 프레스와 금형 때문에 생긴 문제라면 무조건 찾아오는 오카노 공업사는 사장 오카노 마사유키를 포함해 모두 6명의 직원이 전부인 동네 공업사다. 하지만 사장 오카노 마사유키는 〈타임〉 지가 뽑은 '현대 과학기술을 능가하는 최고의 센서를 지닌 인간'이라는 평가를 받은 프레스-금형 기술자다. 오카노 사장은 '남들이 절대로 하지 않으려는 일, 돈이 안 된다는 이유로, 아니면 기술적으로 불가능하다는 이유로 남들이 하지 않는 일'을 전문적으로 하는 사람이다. 더 놀라운 것은 그 같은 일을 남과 다르게 해서 '고급 노동'으로 변모시키는 그의 열정이다. "혼을 담은 노력은 배신하지 않는다. 세상이 아무리 바뀌어도 나는 내 길을 간다!"는 오카노 사장! '목숨 걸고 일하는' 그 혼신의 열정이 놀랍다.

약사 김성오의
친절 전략

군대를 제대한 약사 김성오가 가진 건 달랑 대학 졸업장뿐이었다. 4.5평의 약국마저 600만 원의 빚으로 시작해야 할 만큼 넉넉지 못한 상황이었다. 손님에게 나눠 줄 지식도 별로 없었고, 물질적으로는 더더욱 열악했다.

그러던 그가 육일약국이라는 경남 지역 최대의 기업형 약국을 일궈냈다. 이후 제조업체 영남산업의 대표이사를 거쳐, 2003년 이후 메가스터디의 자매 회사인 엠베스트 교육으로 독립했다. 일주일에 6일 동안 열심히 일하자며 세웠던 그 '약국'을 기반으로 40만 명의 회원을 거느린 중학생 대상 온라인 교육 시장의 40%를 차지하는 기업의 CEO가 된 것이다. 그가 자신과의 싸움에서 이길 수 있었던 데는 남다른 열정과 신뢰가 큰 힘이 되었다.

그는 약국으로 길을 묻는 사람이 찾아오면 쪽지를 받아들고 상세히 설명을 해 주었다. 그래도 알아듣지 못하면 조제 차트를 찾아와서 전화를 걸어 주었다. 시골에서 오신 할아버지가 약국에 계시니 모셔가라고 말이다. 전화가 안 될 때는 직접 길 안내에 나서기도 했다. 손님과 상담

중이 아니면, 지체 없이 자리에서 일어나 가운을 벗었다.

약사를 길잡이로 앞세운 사람들은 한편으론 부담스러워하면서도, 낯선 곳에서 친절한 사람을 만났다는 안도감에 금세 마음을 열었다. 김성오는 아무리 먼 곳이라도 길 안내를 마다하지 않았다. 계절이 바뀌고 비나 눈이 와도 마찬가지였다. 집을 찾아가는 동안 그 가정의 아이들이며 가정 대소사 이야기를 나누다 보면 어느새 목적지에 도착했고, 사람들은 예상치 않았던 도움에 진심으로 고마워했다. 감사하는 마음은 그의 가족 역시 예외가 아니었다.

"약사님요! 며칠 전에 아주버님이 왔었는데예, 약사님이 만사 제쳐두고 우리 집까지 모셔다 줬다카데요? 집에 가시믄서도 계속 '고마브라, 고마브라……' 하고 말씀하시데예. 감사 인사도 하고, 약도 좀 지을라고 겸사겸사 왔심더."[70]

약사 김성오는 무슨 병이든 낳게 하는 기적의 약으로 성공한 것이 아니었다. 오히려 그보다는 약을 사러 온 손님은 아니지만, 그 많은 가게들 중에서 자신의 약국을 찾아온 그 인연을 소중하게 생각해서 크게 일어난 것이다. 그런 소중한 사람들을 어찌 그냥 내칠 수 있었겠는가. 누구나 지니고 있을 따뜻한 마음과 친절한 의향일지 모르지만, 그는 그것을 내면에만 두기보다는 구체적인 행동으로 이어갔다. 가운을 벗어던지고 일어나 약국 문을 잠시 닫았던 것이다.

누구나 베풀 수 있는 친절은 친절이 아니다. 경쟁자가 하는 만큼만 하는 친절에 고객의 마음이 열리길 기대해선 안 된다. 경쟁자를 따라 그대로 하는 1배의 친절은 절대 친절이 아니다. 성경에 '5리를 가자 할 때

---

70 김성오. 육일약국 갑시다. 21세기북스, 2007

10리를 가 주라'고 쓰여 있느니, 딱 두 배란 얘기다. 왼쪽 뺨을 때리면 오른쪽 뺨도 내주라 했으니 이 역시 딱 두 배 아닌가. 그렇다고 반드시 두 배여야만 하는 것은 아니다. 친절의 수위가 높아야만 고객이 만족하는 것은 아니다. 길을 물어보는 이를 위해 자기 일을 제쳐 놓고 길 안내를 해 준 예상치 못한 행동이었기 때문에 더 큰 감동을 받은 것이다.

프린시피아 메네지멘타

경영학계의 영원한 구루 피터 드러커의 탁월한 식견과 혜안은 엄청난 노력의 결과였다. 그의 책『프로페셔널의 조건』에 보면 그가 60년 이상 집중적으로 공부해 왔음을 알 수 있다.

"나는 3년 또는 4년마다 다른 주제를 선택한다. 그 주제는 통계학, 중세 역사, 일본 미술, 경제학 등 다양하다. 3년 정도 공부한다고 해서 그 분야를 완전히 터득할 수는 없겠지만, 그 분야가 어떤 것인지 이해하는 정도는 가능하다. 그런 식으로 나는 60여 년 이상 동안 3년 내지 4년마다 주제를 바꾸어 공부를 계속해 오고 있다. 이 방법은 나에게 상당한 지식을 쌓을 수 있도록 해 주었을 뿐만 아니라, 나로 하여금 새로운 주제와 새로운 시각, 그리고 새로운 방법에 대해 개방적인 자세를 취할 수 있도록 해 주었다."

우리나라에도 피터 드러커와 같은 경영학계의 거목이 있다. 윤석철 교수가 바로 그분이다. 그는 20여 년간 몸담았던 서울대학교 경영대학에서 정년 퇴직한 후 현재는 한양대학교 석좌교수로 재직 중이다. 이분을 알게 된 계기는 10여 년 전에 보았던 『프린시피아 메네지멘타

(Principia Managementa)』라는 뜻밖의 책 덕분이었다. 프린시피아 메네지멘타는 기존의 경영학 책들과 크게 달랐다. 경영학 교재임에도 불구하고 인문, 사회, 자연과학의 경계를 넘나드는 새로운 시각과 통찰력으로 가득했다. 그 책의 영향으로『계량적 세계관과 사고 체계』,『경영학의 진리 체계』같은 윤 교수의 다른 책들도 흥미롭게 읽었다.

그는 원래 독어독문학과에 입학했으나 이후 물리학과로 진로를 바꾸었고 미국 펜실베이니아 대학에서 전기공학, 경영학, OR(Operation Research)을 공부하는 등 독특한 학문적 배경을 갖춘 것이 남다른 저작의 원동력이 되었다. 프린시피아 메네지멘타의 목차도 인상적이었지만, 가장 압권이었던 부분은 서문 '왜 그리고 어떻게 썼는가?'의 말미에 담긴 내용이었다.

"이 책 속에는 공동체의 삶을 '아름답고 소중하게' 가꾸기 위한 노력의 미화(美化) 작업이 있다. 그리하여 미학적(美學的) 표현과 소재(素材)가 많이 동원되었다. 그러다 보니 집필 기간만 10년, 이론 구성과 소재의 축적에 20년이 걸렸다. 20년 동안 도시락 5,000개를 싸준 한 숨은 여성이 있다. 눈물겹도록 정성스런 도시락 5,000여 개를 딛고 이 책이 나왔다. 그에게 진심으로 감사한다."[71]

20년 동안 날마다 점심을 도시락으로 해결했다는 것이다. 수업이 없는 토요일과 일요일, 공휴일을 빼면 연간 250일이고, 이렇게 20년이면 딱 5,000이 된다.『프린시피아 메네지멘타』는 5,000개의 도시락으로 쌓아올린 20년 열정의 결정체였던 것이다. 그러니 어찌 이 책에 감동하지 않을 수 있겠는가.

---

71 윤석철. 프린시피아 메네지멘타(Principia Managementa). 경문사, 1991

연습벌레 발레리나의
성공 비결

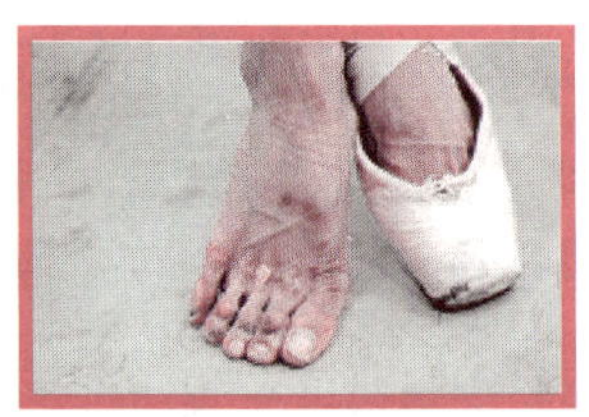

1999년 무용계의 아카데미상인 '브누아 드 라 당스(Benois de la Danse)'의 최고 여성 무용수로 선정된 발레리나 강수진. 예쁜 외모와 달리 그녀의 발은 차마 볼 수 없을 정도로 심하게 일그러져 있다. 열 개의 발가락 중 어느 것 하나 성한 게 없어 마치 무슨 희귀병 환자의 환부(患部)를 보는 것 같다.

그녀의 발이 이렇게 된 것은 끊임없는 연습의 흔적이다. 공연이 있을 때는 오전 10시부터 밤 11시까지, 그리고 공연이 없는 날에는 밤 8시까지 연습하면서 한 해 평균 250켤레의 신발을 닳게 만든다. 바로 그 치열한 최전선에 그녀의 발이 놓여 있다. 그래서 그런지 강수진의 발은 안타까워서 더 아름다워 보인다. 그녀의 망가진 발이 말해 주듯 그녀의 삶은 자신과의 싸움의 연속이었다.

- 나는 '쉰다'는 단어 자체를 싫어한다. 밥을 먹을 때나 잠잘 때를 빼고는 움직이는 걸 좋아한다. 쉬는 것은 나중에 무덤에 가서도 얼마든지 할 수 있다. 동료들은 나를 머신(기계)이라고 부른다. 발레나

공부나 벼락치기는 안 통한다. 단계를 밟아 나가는 것이 중요하다. 빨리 가려고 하지 말고 거북이처럼 가다 보면 '쨍하고 해 뜰 날'이 올 거다. 테크닉은 두 번째 문제다. 가장 중요한 것은 자신과의 싸움에서 지지 않는 인내심을 기르는 것이라고 생각한다.

- 나는 근육 하나를 키우기 위해 엄청 많은 노력을 했다. 3일, 5일 연습하고 힘들다고 쉬는 것은 무엇인가 되려고 하는 사람에게는 안 될 행위다. 포기하지 않으면 어느 순간 꿈이 현실로 와 있다. 차근차근 계속 해 나가는 마음가짐이 중요하다.

- 언젠가는 지금 배우는 것들이 삶에서 다 드러난다. 힘들게 안 살면 나중에 기쁠 때도 얼마나 기쁜지 모른다. 여기가 끝이고 이만하면 됐다고 생각할 때 그 사람의 예술인생은 거기서 끝나는 것이다.

4,000장의 엽서

　1978년 봄, 윤생진은 갓 입사해 인사과에서 치른 면담에서 꿈이 무엇이냐는 질문을 받았다. 그는 부장이 되는 거라고 대답했다. 순간 주위는 웃음바다로 변했다. 기능직 사원이 과장이 되려면 단 한 번의 승진 누락 없이 꼬박 30년이 걸리기 때문이었다. 하지만 그보다는 기능직 사원 중에서 부장은커녕 주임조차 되는 경우가 거의 없기 때문이었다. 하지만 고졸 출신의 윤생진은 기능직 사원으로 입사해 한 번도 힘든 특진 기회를 무려 일곱 번이나 꿰차더니 마침내 입사 20여년 만에 금호그룹 상무가 되었다. 가진 거라곤 오직 몸뚱이와 깡다구뿐이었다는 그는 1만 8,600건의 경이적인 아이디어를 제안하여 금호그룹 제안 왕에 올랐다.

　90년대 중반, 그룹 차년도 사업계획 보고회에서 타이어 부문 국내 시장 1위를 탈환하자는 그룹 오너의 강력한 주문이 있었다. 그는 회사의 목표를 이루는 데 동참하고자 묘안을 짜내기 시작했다. 이를 위해 초·중·고 동창, 친척, 향우회, 전국 명장회, 품질관리 담당자는 물론이고 그가 아는 모든 사람들의 주소를 알아내 엽서를 보내기로 결심했다.

"대략 따져 보니 수천 명은 되는 것 같았다. 한숨 돌릴 사이도 없이 나는 즉시 이들의 주소를 알아내는 일에 착수했다. 엽서에는 대략 다음과 같은 내용을 적었다. '그동안 저를 보살펴 주셔서 대리에서 차장으로 2계급 특진했습니다. (중략) 타이어를 이용하실 때는 반드시 저희 제품을 이용해 주십시오. 그리고 그때마다 제 사원 번호를 입력해 주시면 고맙겠습니다.' 감사와 부탁의 글을 동시에 담은 것이다. 그리고 그날부터 온 식구가 1년 내내 매달려 합동 작전에 들어갔다. 이렇게 해서 보낸 엽서가 무려 4,000장. 나는 그해 연말 타이어 개인판매 부문에서 당당하게 1위를 차지했다.[72]

당시 윤생진은 타이어 분야가 아닌 그룹 전략경영본부에 속해 있었다. 따라서 타이어 부문 1위 탈환이라는 과업은 그의 책임 밖의 일이었다. 하지만 그는 누구도 시키지 않은 그 일을 스스로 원해서 해냈다. 고졸 사원인 자신의 잠재력을 헤아려준 회사가 고마웠고, 능력을 제대로 평가받기조차 힘든 기능직 사원인 자신을 그룹 전략경영본부로 뽑아준 회사에 대한 감사의 마음이 아니었을까? 그래서 윤생진은 뭔가 보여 주고 싶었던 듯하다. 그래서 가슴 가득 차오른 열정을 4,000장의 엽서로 증명해 보인 것이다.

---

72 윤생진. 미치게 살아라. 연합뉴스, 2008

칠고초려

학원 사업의 성패는 좋은 강사진에 달려 있음은 상식이다. 대한민국 최고의 스타 강사로 인천의 한 고등학교에서 근무하는 선생님이 있었다. EBS 강의료와 성황리에 팔리고 있는 교재 인세를 합친 수입으로 경제적 어려움이 없는 그 선생님은 직업관도 워낙 투철해서 모셔가려다 고배를 마신 학원이 한두 곳이 아니었다.

회사에 꼭 필요한 사람이라고 생각한 김성오는 전화를 걸었다. 그 선생님은 정중하지만 확실하게 거절 의사를 표했다. 보기 좋게 거절당한 것이다. 하지만, 그후 시간이 날 때마다 전화를 걸어 그 선생님의 안부를 물었다. 15번째 통화를 할 때쯤, 항상 예의를 갖춰 거절하던 때와 달리 그날은 '왜 자꾸 전화하느냐'며 화를 내기 시작했다. 그후 8개월 동안 30번도 넘게 통화를 했고, 틈날 때마다 인천에 직접 찾아가 생각에 변화가 있는지 물어보곤 했다. 하지만 언제나 대답은 똑같았다.

인천까지 오가는 데 걸리는 시간은 대략 5~6시간! 지금까지 수많은 스카우트 제의를 거절했던 그 선생님도 서른 번 이상의 통화와 자신이 사는 곳까지 찾아오는 그의 열정에 마음이 흔들렸다.

"지금까지 부사장님께서 7번을 이곳으로 내려오셨으니, 다음에는 제가 서울로 가겠습니다."[73]

김성오가 그렇게 공을 들였던 EBS 스타 강사와의 여덟 번째 만남은 서울에서 이루어졌다. 그가 마침내 계약서에 사인을 한 것이다. 8개월의 노력 끝에 얻은 결과이자, 여섯 번만 찾아갔다면 결코 이루지 못했을 일이었다. 하지만 그는 일곱 번 찾아갔고, 마침내 뜻을 이뤘다.

닛산 자동차의 사장인 카를로스 곤(Carlos Ghosn)은 이렇게 말했다. "실행이 곧 전부다. 아이디어는 과제 극복의 5%에 불과하다. 아이디어의 좋고 나쁨은 어떻게 실행하느냐에 따라 결정된다." 그 선생님을 스카우트하기 위해 수많은 학원 관계자들이 그가 사는 인천까지 찾아갔지만 대부분 한두 번에서 서너 번에 그쳤다. 결국 그들은 스타 강사의 마음을 움직이지 못했다. "실패하는 리더의 70%는 실행력 부족이라는 치명적 약점을 갖고 있다. 오늘날 경영자의 95%가 옳은 말을 하고 5%만이 옳은 일을 실행에 옮긴다."는 포춘(Fortune)의 메시지는 많은 것을 시사한다.

73 김성오. 육일약국 갑시다. 21세기북스, 2007

바흐의 무반주 첼로
모음곡 연주

바흐(J.S. Bach, 1685~1750)의 무반주 첼로 모음곡은 300여 년 전인 1720년 경에 작곡되었다. 하지만 현란한 기교를 요구하는 이 곡을 제대로 연주한 사람이 없었고, 결국 그 악보는 200여 년 동안 헌 책방에 묻혀 있었다.

그 악보를 찾아낸 사람은 파블로 카잘스(1876~1973)라는 13세 소년 이었다. 그날부터 장장 12년 동안 소년 카잘스는 매일같이 그 곡을 연습했다. 전주곡과 알르망드, 꾸랑뜨, 사라방드, 미뉴엣과 지그로 이어지는 두 시간여의 작품을 말이다. 그러고는 마침내 25살이 되던 해에 이 곡을 세상에 내놓았다. 12년 동안 매일같이 갈고 닦아온 것이니만큼 그 기교와 실력은 오죽했겠는가. 사람들은 열광했고, 드러나지 않는 첼로 라는 악기가 독주 악기로서도 전혀 손색이 없다는 것이 밝혀졌다. 그로 인해 첼로가 독주 악기로 새로 태어나게 된 것이다. 카잘스에게는 '첼로 의 성자(聖者)'라는 존칭이 붙여졌다.

더 놀라운 사실은, 카잘스가 이 곡의 전곡(全曲)을 녹음한 것이 그의 나이 60세가 되던 때였다는 점이다. 그는 12년의 연습으로는 부족했는지 35년이라는 시간을 더 들였다.

역사상 가장 위대한 첼리스트라는 그가, 고령의 나이에도 하루 6시간씩 연습을 하자, 기자가 그 이유를 물었다. 그의 나이 아흔다섯 살 때의 일이다. 카잘스의 대답은 매우 충격적이었다.

"왜냐하면 지금도 제가 조금씩 발전하고 있다고 생각하기 때문입니다."

카르멘 환상곡, 서주와 타란텔라, 찌고이네르바이젠 등 귀에 익숙한 많은 곡들의 작곡가이자 바이올리니스트로 유명한 사라사테(Pablo de Sarasate, 1844~1908)를 두고 한 평론가가 그를 '천재'라고 칭찬했다. 그러자 사라사테는 다음과 같이 말했다.

"천재라고? 37년 동안 하루도 빠짐없이 14시간씩 연습했는데."

하나의 곡을 완벽하게 연주하기까지 얼마나 많은 연습이 필요한가. 카잘스도 독주 악기로 첼로를 새롭게 인식시키는 데 12년이나 걸리지 않았던가. 한 분야의 전문가가 되기 위해서는 치러야 할 대가가 만만치 않다. 하물며 최고를 꿈꾼다면 그 대가가 더 혹독하다는 것은 비단 음악 장르에 국한된 일만은 아니다.

초밥왕 미즈타니 하치로

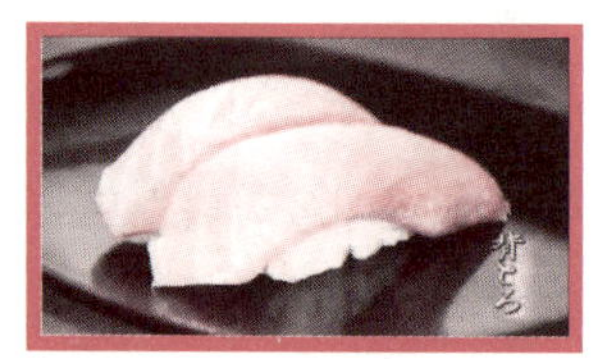

세계 최고 식당들의 등급을 매기는 미슐랭 가이드(Michelin Guide). 두 개의 별만 받아도 그 식당의 매출은 최소한 20% 이상 늘어나고, 최고 등급인 세 개를 받으면 최소한 3개월 전에 예약해야 할 정도로 인기가 올라간다. 그런 미슐랭 가이드에서 최고 등급인 별 세 개를 받은 스시 요리사가 있다. 그것도 2년 연속 최고 등급 판정을 받았다. 초밥왕 미즈타니 하치로(水谷八郎)가 그 주인공이다.

초밥은 생선과 밥, 적당량의 식초와 설탕으로 만드는 간단한 음식처럼 보이지만 어떻게 만드나에 따라 최고의 음식이 되기도 하고, 최악의 음식이 되기도 한다. 미즈타니 하치로에게 있어 초밥은 요리사 혼자 만드는 것이 아니라 여러 사람의 정성으로 만들어진다. 그는 초밥의 재료를 직접 고르지는 않는다. 생선과 쌀을 수십 년째 같은 가게에서 납품받고 있다. 단골 어물전 주인이 최고의 생선을 골라 주고, 단골 싸전 주인이 정성을 다해 쌀을 가져다 준다. 더 놀라운 것은 싸전 주인이 초밥 요리사의 성향을 감안하여 여러 지역의 쌀을 일정 비율로 섞어 만들어 준다는 것이다. 뛰어난 초밥 요리사의 손동작(니기리, 握り) 이전에 생선을

고르는 어물전 주인의 놀라운 안목과 쌀집 주인의 뛰어난 쌀 블렌딩이 있었기에 뛰어난 초밥이 완성되었던 것이다.

수십 년 단골 고객을 놓치지 않으려는 어물전과 싸전 주인의 노력을 생각해 보라. 수십 년 동안 거래해 왔을 고객에게 어물전 주인이 어찌 물간 생선을 납품할 수 있겠는가. 최선을 다해 최고를 골라 단골 음식점에 제공하려는 노력은 싸전 역시 다르지 않을 것이다. 수십 년간 쌓아올린 신뢰를 무너뜨리지 않기 위해 혼신의 힘을 다하는 어물전과 싸전 주인의 모습이 눈에 선하다. 몇 대째인지 모를 오랜 기간 그 일에 종사했을 전문가들이 매번 긴장하며 힘을 쏟는 이런 치열한 과정을 통해 세계 최고의 초밥은 비로소 완성되는 것이었다.

 명품을 만드는 건 기술이 아니라 정성이다

학예회 연극 공연

학예회 연극 공연에서 어떤 배역을 맡느냐는 출연진의 최대 관심사다. 물론, 구경 올 사람들의 주요 관심사가 되기도 한다. 그런데 많은 배역 중 가장 하찮은 배역을 맡게 된다면 그 당사자와 가족들의 마음은 어떤 심정일까? 그것도 한두 마디 대사밖에 없는 배역이라면 말이다.

여기 대사 한 마디 없는 배역을 맡은 안젤라라는 소녀가 있다. 그 아이가 맡은 배역은 사람도 아닌 극중 '개' 역할이다. 하지만 어찌 된 영문인지 그날 저녁, 연극에서 가장 큰 주목을 받은 사람은 대사 한마디 없던 안젤라였다.

아빠 역할을 맡은 배우가 무대에 모습을 드러내고 무대 한가운데 있는 흔들의자에 앉자, 엄마 역할을 맡은 배우가 나와 관객들과 마주 보며 소파에 앉았다. 그리고 딸과 아들 역할을 맡은 배우들은 아빠 주변에 모여 앉아 장난을 쳤다. 그때 안젤라가 털이 잔뜩 달린 누런색 옷을 입고 엎드린 채 무대를 뛰어다니기 시작했다. 아니나 다를까, 처음부터 개 역할을 맡은 안젤라의 연기에 주목하는 사람은 아무도 없었다. 하지만 안젤라는 아무렇지도 않은 듯 자신의 연기를 펼쳐 보였다. 그러자 주인공들의 연기에만 집중하던 관객들이 어느새 안젤라에게도 눈길을 보내기 시작했다.

안젤라는 단순히 무대를 뛰어다니지 않고 정말 살아 있는 개처럼 쿵쿵거리며 무대를 뛰어다니고 머리와 꼬리를 흔들며 재롱을 부렸다. 처음에는 양탄자 위에 누워 있다가 벽난로 앞으로 다가와 따뜻한 불을 쬐며 자기 시작하더니 나중에는 코까지 고는 게 아닌가! 관객들은 마치 집에서 기르는 개와 똑같은 행동 하나하나에 집중했고, 재롱을 떠는 모습에 크게 웃음을 터뜨리기도 했다. 그리고 주인공들보다 대사 한마디 없는 안젤라에게 온통 시선을 빼앗겼다. 그날 저녁, 연극에서 가장 스포트라이트를 많이 받은 사람은 바로 대사 한마디 없던 안젤라였다.[74]

열정이 있는 사람은 언제 어디서나 빛난다. 안젤라의 열정이 말 한마디 없는 하찮은 배역이라 여겨졌던 역할을 가장 빛나는 주인공으로 만들지 않았는가. 열정은 어려움에 부딪혀도 돌아서지 않고 일어설 수 있는 힘이 된다. 열정이 남아 있는 한 우리는 끊임없이 되살아난다. 그것이 바로 열정의 힘이다.

74 장이츠 편저. 탐탐. 영진미디어, 2008

앵커 브루잉 양조장

앵커 브루잉 양조장은 100년이 넘는 전통을 자랑하고 있지만, 메이태그가 운영권을 넘겨받았을 때만 하더라도 거의 파산 직전이었다. 그는 그 양조장의 자랑인 앵커 스팀 비어(Anchor Steam Beer)를 되살리겠다는 각오로 그것을 인수했고, 마침내 양조장과 스팀 비어 모두를 살려 내는 데 성공했다.

최고의 원료와 전통적 발효 방식으로 만든 스팀 비어는 소형 양조장 맥주로는 드물게 전국적인 인지도까지 얻게 되었다. 메이태그가 처음으로 운영을 맡았던 1965년 당시 연간 600배럴 정도였던 앵커 브루잉의 생산량은 1973년 자그마치 1만 2,000배럴까지 늘어났다. 한마디로 대박을 터뜨린 것이다. 하지만 기존의 양조장 시설로는 여기까지가 전부였다.

한 박스라도 더 확보하려는 소매상들의 파상 공세 속에서 메이태그는 의외의 결정을 내렸다. 더 이상의 추가 공급을 '거부'한 것이다. 외부 양조장에 위탁해서 생산하는 방법이 있긴 했지만, 앵커 스팀 비어의 품질과 소비자들의 신뢰를 저버릴 수도 있기 때문에 메이태그는 위탁 생산은 하지 않기로 한 것이다. 수요에 비해 턱없이 부족했던 앵커 스팀 비어는 맥주로는 드물게 '배급제' 방식으로 소매상들에게 공급되는 영광(?)을 누릴 정도였다.

메이태그가 앵커 스팀 비어의 품질 유지에 얼마나 심혈을 기울였는지를 보여 주는 단적인 사례가 바로 납품 거부 사건이다. 앵커 스팀 비어의 열렬한 팬이었던 MGM 그랜드 카지노의 지배인이 카지노의 모든 바에서 메이태그의 맥주를 판매하려 했지만, 그가 생산량 부족을 이유로 납품을 거부한 것이다.[75]

75 보 벌링엄. 스몰 자이언츠. 팩컴북스, 2008

GE의 낙하산 인사
대처법

신뢰는 우리 사회를 유지하는 데 필요한 중요 덕목이다. 이는 기업에서도 마찬가지일 텐데, 가끔씩 신뢰가 깨지고 무너지는 경우가 있다. 바로 낙하산 인사가 대표적인 사례다. 기업의 경영자 입장에서는 필요한 인력을 확보하기 위해 꼭 필요한 '외부 수혈'로 보는 반면, 내부 구성원 입장에서는 승진 기회에 대한 신뢰가 무너지는 것이라 대부분 삐딱한 시각으로 대하기 마련이다.

GE에서는 낙하산 인사의 후유증을 독특한 방식으로 최소화하고 있다. '간부 인사 청문회'가 그것이다. 이에 따르면 새로 온 외부 인사는 한 달 이내에 팀원들만 모인 자리에서 2시간 동안의 청문회 미팅을 가져야 한다. 회의실에는 화이트보드와 함께 팀원들은 각자 소지한 보드펜으로 본인이 생각하는 의문점이나 질문을 다섯 가지 영역에 따라 적어 놓는다.

"예를 들면, 첫째, 소문 등을 통해 이미 알고 있는 것은 무엇인가? 둘째, 더 궁금한 것은 무엇인가? 셋째, 우리 조직 문화, 강점, 현황 등에 대해 낙하산이 알아야 할 것은 무엇인가? 넷째, 낙하산에 대해 걱정되거나 뒤끝이 개운하지 않다고 생각하는 것은 무엇인가? 다섯째, 낙하산에게 제안하고 싶은 것은 무엇인가? 등이다."[76]

이런 문제에 대해, 팀원들이 질문을 모두 적어 놓은 뒤에야 낙하산은 회의실에 들어오게 된다. 화이트보드에 적힌 수많은 질문에 대해 성실하게 응답해야 한다는 것은 누구보다 낙하산 스스로가 잘 알고 있다. 그 자리에서 충분한 설명과 이해를 구하지 못하는 한 절대로 팀원들을 리드해 갈 수 없음을 잘 알고 있기 때문이다. 그런 면에서 낙하산이란 이유로 능력과 무관하게 선의의 피해를 입을 수도 있는 사람들 입장에선 오히려 그러한 청문회 과정이 팀원들의 마음을 열게 하는 데 도움이 되었다며 긍정적인 평가를 내리는 경우도 많다고 한다.

세상에 털어서 먼지 안 나는 사람이 누가 있을까. 하지만 이 먼지가 화장실이나 은밀한 곳에서 나돈다는 것과 청문회 미팅처럼 공개적으로 들춰 보는 것 간에는 큰 차이가 있다. 뜬금없는 루머는 사실이 밝혀지기 전까지는 끊임없이 확대 재생산되기 마련이다. 그러는 사이에 사람들 간의 신뢰는 물론, 조직에도 돌이킬 수 없는 상처를 남긴다.

---

[76] 이채욱. Passion 백만불짜리 열정. 랜덤하우스중앙, 2006

IO
감성과 스토리가 자산이다

덴마크의 코펜하겐 미래학 연구소 소장인 미래학자 롤프
옌센(Rolf Jensen)은 그의 저서『드림 소사이어티(Dream
Society)』에서 이렇게 말한다.
"다음에 도래할 사회는 드림 소사이어티다. 이는 기업,
지역사회, 개인이 데이터나 정보가 아니라 '이야기'를 바탕으로
성공하게 되는 새로운 사회이다."[77]
그는 덴마크에서 거래되는 달걀의 절반 이상이 방목에 의해
생산된 것으로, 좁은 닭장에서 갇혀 지내는 닭이 낳은 것보다
15~20% 정도 더 비싸게 거래되고 있다며, 이러한 현상이
감성의 시대를 예고하는 것이라 주장한다.

[77] 롤프 옌센. 드림 소사이어티. 리드리드출판, 2008

그의 주장에 따르면 소비자들이 더 많은 비용을
지불하면서까지 방목한 닭의 달걀을 사 먹는 이유는, 보다
나은 이야기가 있는 달걀을 선호하기 때문이라는 것이다.
방목한 닭이 낳은 달걀은 '옛날식 생산물(retroproduction)'로
예전 할아버지 시대의 방식과 기술로 생산된 달걀과 같기
때문이다. 더불어 이런 달걀을 구입함으로써 동물을 사랑하는
낭만주의자이자 친환경주의자라는 자부심을 갖게 하는
스토리를 구매한다는 것이다.

거부할 수 없는 구직 원서

서울의 한 대형 백화점에서 근무하던 한 여성이 남편의 직장을 따라 대구로 내려갔다. 그녀는 대구에서 다시 일자리를 구하기로 했다. 하지만 대구에 있는 백화점들에 자신의 이력서를 보내는 대신, 그들이 원할 것이라고 생각되는 사항들을 적어 보냈다.

"저는 서울에 있는 큰 백화점에서 오랫동안 일했습니다. 그곳에서 상품 구매, 상품 전시, 고객 취향 조사, 직원 훈련 등 다양한 분야를 경험했습니다. 만일 제 도움이 필요하시다면 제 경험 얘기를 들려드리겠습니다. 보수는 필요 없습니다."[78]

그러자 몇몇 백화점에서 연락이 왔고, 그녀는 성심껏 자신의 노하우를 전해 주었다. 이후 모든 일들이 술술 풀려 나갔다. 백화점들이 앞다투어 그녀에게 일자리를 제안한 것이다. 그녀가 몇몇 백화점으로부터 만나자는 연락을 받고 그들로부터 채용 제안을 받을 수 있었던 이유는 무엇일까? 만일 그녀가 단순히 '일자리'를 구하려 했었다면 위와 같은

---

[78] 이용태. 인성교육, 성적보다 먼저다. 에디터, 2008

결과를 얻지 못했을 것이다. 여기저기서 밀려드는 청탁과 수많은 이력서 더미 속에서 그녀의 이력서가 눈에 띄었을지도 의문이다. 하지만 그녀는 일자리를 구하려는 대부분의 사람들과 달리, 백화점 입장에서 아쉬운 부분을 지적하면서 남다른 '첫 대면'을 성사시킬 수 있었다.

남들처럼 일자리를 찾고 있다고 말하는 대신 그녀는 자신에 대해서 이야기하는 쪽을 택했다. 큰 백화점에서 일했고, 다양한 경험을 갖고 있으며, 그 경험을 공짜로 들려주겠다는 이야기 같은 광고를 흘려 보낸 것이다. 그 덕분에 그녀의 화려한 이력에 대해서도 꼼꼼히 살펴보게 되었고 '보수 없이' 해 주겠다는 그녀의 이야기도 듣고 싶어진 것이다. 한마디로 이야기 하나로 백화점 관계자의 마음을 움직인 것이다.

새로운 부의 원천,
창조 산업

『해리포터』의 작가 조앤 롤링은 해리포터 시리즈의 출판과 영화 저작권료로만 10억 달러를 벌어들였다. 그런가 하면 7편의 해리포터 시리즈를 제작한 타임워너의 극장 수입 및 DVD 판매 수익은 총 100억 달러에 이른다. 해리포터란 콘텐츠가 지금까지 거둬들인 실적 중 일부가 그렇다는 얘기다. 한때 해가 지지 않는 나라라 불렸던 영국이 지금은 이야기 산업의 절대 강자로 자리 잡고 있다.

『나니아 연대기』의 작가 C.S. 루이스(1898~1963)와 『반지의 제왕』을 쓴 J.R.R. 톨킨(1892~1973)도 영국 사람이다. 영국 문학의 대표 작가인 C.S. 루이스가 『나니아 연대기』를 처음 쓴 것은 그의 나이 52세(1950) 때였고, 마지막 7권을 쓴 건 57세 때였다. 옥스퍼드 대학 교수였던 J.R.R. 톨킨이 『반지의 제왕』을 탈고한 시기는 그의 나이 62세(1954) 때였다. 소설과 더불어 막강한 콘텐츠를 기반으로 만들어지는 뮤지컬, 영화, 음악 등, 이른바 창조 산업(Creative Industry)이 만들어 내는 역량은 가히 세계 최고 수준이며, 영국 GDP의 9%를 차지하고 있다. 그런가 하면 조앤 롤링이 쓴 해리포터 시리즈가 1997년부터 2006년까지 기록

한 총 매출액은 우리 돈으로 308조 원(소설, 영화, DVD, 관련 캐릭터 상품 포함)에 달한다. 이것이 이야기의 힘이다.

나이키와 똑같아도 나이키 상표가 없는 신발은 3만 원 이상 받기 힘들다. 하지만 오리지널 나이키 로고가 부착된 정품은 17만 원에 팔린다. 심지어 에어조던 농구화 시리즈 중 '에어조던 11 레트로SPACE JAM'의 경우 국내 가격이 41만 원이 넘는다. 이쯤 되면 그냥 신다가 버리는 운동화가 아니라 수집 대상이다. 나이키의 로고는 신발의 작은 부분일지 몰라도, 사람들은 그 본질적인 상징을 충분히 알아본다. 게다가 '에어조던' 농구화라면 그 로고는 특별한 이야기를 담고 있다.

사람들은 바로 그 이야기에 반해 서슴지 않고 '신발 가격 이상의 비용'을 지불하는 것이다. 농구 황제 마이클 조던의 이야기로 가득한 이 농구화를 어찌 원가를 기준으로 가격을 매길 수 있겠는가. 따라서 농구 황제 마이클 조던이 보여 주었던 꿈과 환상이 가격 결정의 기준이 된다. 나이키는 운동화를 파는 회사가 아니다. 그보다는 젊음과 명성, 그리고 승리에 대한 이야기를 파는 회사다.

이야기 회사 디즈니

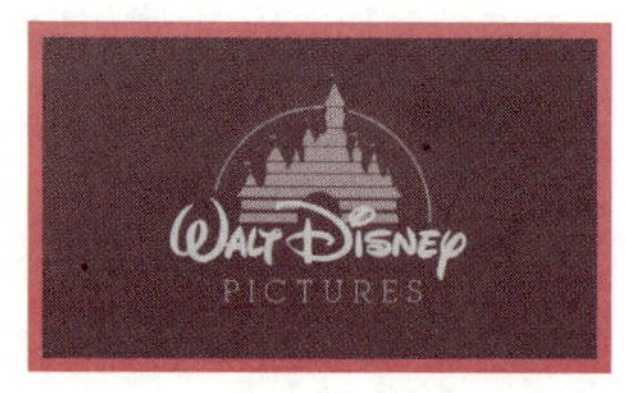

"마이크로소프트의 최근 4년간(2004~2007) 순이익 증가율은 18%, 월트디즈니의 같은 기간 순이익은 41.4%(출처: 포브스, 더 선데이타임스)로 '이야기 회사'가 'IT 회사'의 성장 속도를 능가하고 있다. 2006년 디즈니의 매출은 총 353억 달러로, 세계 1위 반도체 기업인 인텔(315억 달러)을 추월했다. 영업수익률은 무려 16%이다. 기업분석가들은 '디즈니의 수익성은 인텔(18%)과 맞먹고 도요타(7%)를 압도한다'며 '앞으로 이 차이는 더욱 벌어질 것'이라고 전망했다."[79]

이야기 회사 디즈니의 비즈니스 모델은 끝이 없다. 만화영화 제작으로 수입을 얻고 나면 비디오나 음반, 책, 장난감 등을 만들어 판매하고, 어린이 만화 채널에 방영을 하고 나서는 비디오 가게에서 대여를 시작한다. 영화의 열기가 식을 때쯤이면 아이스 쇼단을 만들어 다시 새롭게 부활시키고 세계 각지의 디즈니랜드에서 퍼레이드 주인공과 기념품 소재로 끊임없이 되살아난다.

---

[79] 홍사종. 이야기가 세상을 바꾼다. 도서출판 새빛, 2009

디즈니의 명작인 〈백설 공주〉는 독일의 그림 형제 동화에서 가져온 것이며, 〈잠자는 숲속의 공주〉는 프랑스 동화작가 C. 페로의 작품을 가공한 것이다. 〈알라딘〉은 당연히 아라비안나이트에서 아이디어를 얻었다. 이들의 아이디어 소재는 유럽과 아시아 등 지역을 가리지 않는다. 〈라이온 킹〉은 TV 애니메이션 〈밀림의 왕자 레오〉 스토리를 새롭게 각색한 것이다. 이중에서 〈밀림의 왕자 레오〉만 저작권료를 지불했을 뿐이며 다른 것들은 저작권 시효가 소멸돼 단 한 푼의 비용도 들지 않았다. 디즈니로선 꿩도 알도 모두 독차지한 셈이다. 그러다 보니 가능성이 보이는 외국의 스토리를 찾는 데 혈안이 되어 있다.

한석규와 심은하가 출연했던 장윤현 감독의 영화 〈텔미썸씽〉이 폭스에 30만 달러에 팔렸고, 이현승 감독의 작품인 〈시월애〉가 워너브라더스에 50만 달러, 〈공동경비구역 JSA〉가 100만 달러에 넘어갔다. 이외에도 〈가문의 영광〉, 〈광복절 특사〉, 〈괴물〉, 〈달마야 놀자〉, 〈선생 김봉두〉, 〈엽기적인 그녀〉, 〈장화 홍련〉, 〈조폭마누라〉, 〈추격자〉 등 많은 국내 개봉작들이 스토리를 선점하려는 외국 영화사에 팔려 갔다.

다른 나라에서 소재를 찾는 건 비단 미국 영화사에 국한된 얘기는 아니다. 우리나라 TV에서 큰 인기를 끌었던 〈하얀 거탑〉은 일본 드라마를 원작으로 한 작품이다. 그런가 하면 〈미녀는 괴로워〉, 〈서양 골동양과자점 앤티크〉, 〈올드 보이〉, 〈플라이 대디〉 등은 일본 만화를 원작으로 하여 일본에서보다 더 크게 성공한 사례들이다.

맨체스터 유나이티드의 박지성

세계적인 축구 명문 구단 맨체스터 유나이티드(Manchester United)의 박지성. 2005년 영국 맨체스터 유나이티드에 입단하여 한국인 최초의 프리미어 리거로 축구팬들의 관심을 한몸에 받았던 그는 2009년 9월 맨유와의 재계약에 성공하면서 우리나라 축구선수의 역사를 새롭게 썼다. '박지성'이란 이름 앞에 항상 따라다니는 '성공 신화 스토리'는 그 위세가 대단하다. 오죽하면 너무 넓어 국가대표 팀 간 A 매치 경기에서도 좀처럼 메워지지 않는 수용 능력 6만 3,961명의 상암 경기장도 맨유의 원정 경기(아시아 투어) 때만큼은 예외다.

맨유의 아시아 투어 경기는 A매치가 아님에도 불구하고 2007년에도 가득 찼고 2009년 역시 마찬가지였다. 52억 원이라는 비교적 헐값(?)에 박지성을 데려간 맨유는 단 4일 간의 한국 방문을 통해 200억 원이 넘는 수익을 올렸다고 한다. 봉이 김선달이 부러워할 정도로 뛰어난 상술이다. 맨유의 상술이 통한 데는 박지성의 공이 크다. 차근차근 밑바닥부터 밟아 올라가 최고의 자리에 오른 박지성의 성공 신화가 그렇고, 그런 박지성과 한 팀을 이루는 세계적 스타들의 이야기가 있는 환상의 팀,

맨체스터 유나이티드! 바로 그 환상의 선수들이 펄펄 날아다니는 현장을 직접 볼 수 있는 자리이니만큼 빈자리가 생길 틈이 없었던 것이다. 그러고 보면 이야기의 힘은 그 어느 분야보다 스포츠에서 강력하다.

2002년 NBA 휴스턴 로키츠(Huston Rockets) 구단은 중국의 농구 스타 야오밍(姚明)과 4년간 163억 원의 조건으로 계약을 맺었다고 발표했다. 과연 연간 41억 원의 투자로 가장 큰 수확을 올린 쪽은 어디일까?

먼저, NBA 역사상 처음으로 드래프트의 첫 번째 라운드에서 가장 먼저 야오밍이라는 외국인을 지명하는 위험을 감수했던 휴스턴 로키츠는 뛰어난 선택을 한 것으로 보인다. 팀을 우선하는 동양적 사고 덕분인지 야오밍은 실력뿐만 아니라 희생과 양보정신을 보여 주며 7년 연속 올스타 선수로 뽑혔다. 그 결과 그의 현재 연봉은 당초 41억 원에서 다섯 배나 오른 200억 원을 넘나들고 있다.

다음으로 야오밍이라는 스포츠 스타를 배출한 중국 입장은 어떨까? 전세계 사람들은 2002년부터 NBA를 통해 야오밍의 활약을 지켜보았다. 야오밍이 유머가 뛰어난 것은 아니지만, 실력과 더불어 겸손함까지 갖춘 매력적인 선수로 비춰지면서 중국에 대한 인상까지 덩달아 좋아지게 되었다. 그런가 하면 아시아 선수로는 최초로 NBA에 진출한 야오밍을 통해 중국인들이 가지게 된 자부심은 또 어떤가. 한마디로 야오밍의 NBA 진출은 휴스턴 로키츠는 물론 중국과 중국인들에게도 손해나지 않은 괜찮은 것이었다. 하지만 가장 큰 수확을 거둔 곳은 NBA이다.

NBA는 1946년에 만들어진 미국농구협회가 1949년 전국농구리그와 합병되면서 만들어진 기구다. 60여 년의 역사를 가진 NBA는 이후 상업적 코드와 결부되면서 세계화에 박차를 가하게 된다. 미국에만 한정되던 관중의 범위를 전 세계로 확산시키고자 각국의 유명 선수들을

NBA로 끌어들이면서 본격적인 NBA의 세계화가 시작되었다.

84년부터 점차 세계직인 명성을 얻게 된 NBA의 가장 큰 고민은 바로 중국이었다. NBA의 세계화에 반드시 풀어야 할 숙제이자 기회의 땅이 바로 중국 시장이었던 것이다. 하지만 NBA에 대한 중국의 입장은 차갑기 그지없었다. NBA는 1989년부터 중국에서 영향력이 가장 큰 국영방송 CCTV를 뚫어보고자 다각도로 시도해 보았지만 결과는 깜깜무소식일 뿐이었다. 그러던 차에 뒤늦게 야오밍의 NBA 입성으로 고민들이 눈 녹듯 사라졌다. NBA의 최근 조사에 의하면 중국 남성(15~24세)의 83%가 NBA 팬이라는 것이다. 더불어 이 젊은이들이 가장 좋아하는 운동선수 5명 중 4명이 NBA 선수일 정도로 자리를 잡게 되었다.

경제적 효과 측면에선 훨씬 더 구체적이다. NBA에 진출한 야오밍은 아디다스, 맥도날드, 비자카드 등 다국적 기업의 중국 진출에 교두보 역할을 하고 있으며, 그가 출전하는 NBA 경기는 중계료를 받고 중국 전역에 방영되고 있다. 그리고 NBA에서 활약하는 야오밍을 직접 보고 응원하려는 중국인 입장객들의 숫자가 갈수록 늘고 있다. 이처럼 야오밍을 영입한 덕에 NBA가 누리게 될 수확은 이루 헤아릴 수 없을 정도다. 스포츠 경제학자 앤드류 짐발리스트(Andrew Zimbalist)도 "중국 시장에서의 NBA의 성장 속도를 볼 때 향후 NBA의 야오밍 투자 효과는 40~50배 정도"라고 했다.

스티브 잡스

"애플에서 해고된 것은 내 인생 최고의 일이었습니다. 그 후 나는 성공에 대한 중압감을 벗어나 초심자의 가벼운 마음으로 돌아갈 수 있었습니다. 모든 것이 불확실했지만 나는 내 인생에서 가장 창조적인 시기로 들어서게 되었습니다."[80]

자신이 설립한 기업에서 쫓겨났던 스티브 잡스! 하지만 위기에 빠진 애플의 구원투수로 다시 돌아왔고, 아이팟과 아이폰이라는 놀랍고도 창조적인 제품과 함께 부활했다. 그리고 전세계의 수많은 사람들을 애플의 추종자로 만들었다.

"우리를 죽이지 않는 것은 우리를 더욱 강하게 만든다."는 니체의 말이 있다. 그렇다고 보면 고통은 한 인간을 위대하게 만들 수도 있다. 만일 자신이 만든 회사에서 쫓겨났다가 재기에 성공한 스티브 잡스 대신 승승장구해 온 스티브 잡스라면 어땠을까? 췌장암으로 예전에 비해 몸이 거의 반쪽이 되어 버린 스티브 잡스 대신 건강하고 활기차기만 한 스

---

80 김영한. 스티브 잡스의 창조 카리스마. 리더스북, 2007

티브 잡스라면 또 어땠을까?

드림 소사이어티의 롤프 옌센은 "각각의 이야기들은 당신이 누구인 가를 나타낸다."고 말했다. 스티브 잡스를 더욱 남다르게, 스티브 잡스답게 만드는 것은 바로 그가 겪은 고통과 성취의 드라마틱한 이야기다.

어느 부동산 업자의 하이터치 마케팅

워싱턴 DC 서북부 지역의 한 동네는 편리한 교통과 조용한 주거 환경으로 아이들을 제대로 양육하려는 젊은 부부들이 선호하는 지역이다. 이곳이 각광받는 지역으로 떠오른 데는 수십 년 전 이곳에 정착해 고풍스러운 집을 가꾸며 아이들을 길렀던 1세대 주민들의 노력이 컸다. 이제 그들은 나이가 들었고 하나 둘씩 은퇴하기 시작했다.

이곳으로 이사 오길 희망하는 사람들이 많다 보니 집값은 날로 치솟았다. 하지만, 정작 정든 집을 처분하고 이곳을 떠나려는 은퇴자의 수가 턱없이 적다 보니 몇 안 되는 매물을 놓고 부동산 업자들 간의 쟁탈전은 상상을 초월할 정도였다. 그들은 은퇴자들을 대상으로 집을 처분할 생각이 있다면 꼭 자신에게 맡겨 달라는 내용의 편지와 엽서를 수시로 보냈다. 하지만 발송자만 다를 뿐 내용은 거의 비슷한 편지나 엽서가 고객들에게 먹혀들 리 없었다.

우편물에 담긴 내용은 '시세가 좋을 때 빨리 집을 처분하고 다른 곳으로 이사 갈 것'과 '자신들이 얼마나 비싸게 집을 팔아 주었는지'에 대한 자랑스러운 전과(戰果)가 곁들여진 내용이 전부였다. 결국 그 어떤 우편물도 집을 내놓아야 할 은퇴자들의 마음을 움직이진 못했다. 단 한 업체 말고는 말이다. 그 업체는 이사 가란 얘기는 물론이고, 집을 내놓는 사람들이 가장 궁금하게 생각할 것 같은 '시세'에 대해서도 일언반구가 없었다. 하지만 그 엽서가 주는 반향은 무척이나 컸다.

엽서 한 면에는 업자가 최근에 팔아준 주택의 사진이 있었지만 그 뒷면에는 커다란 글씨로 그 집의 가격 대신 집에 얽힌 다음의 사연이 적혀 있었다.

"플로렌스 여사와 그녀의 부군께서는 1954년에 이 매혹적인 집으로 이사를 왔습니다. 그들은 현금 2만 달러를 치르고 장만한 이 집의 세세한 부분들, 즉 견고한 참나무 바닥, 커다란 유리 창문들, 박달나무 문틀, 영국식 벽난로, 그리고 정원에 판 연못 등을 사랑했습니다. 91세가 되자 플로렌스 여사는 은퇴 노인들의 보금자리인 브라이튼 가든으로 몸을 옮기셨습니다. 그리고 플로렌스 여사 가족들은 저에게 이 보석 같은 집을 팔아 달라고 부탁하셨습니다. 제게는 큰 영광이었습니다. 우리는 여사의 지시에 따라 집을 깨끗이 청소하고, 집 안팎을 새로 단장했으며, 바닥 표면을 다시 손보고, 아름다운 창문을 정성스럽게 닦았습니다. 이제 새로운 주인이 되신 스코트 드레서 부부는 옛 주인들 못지않게 이 집을 사랑하며, 앞으로 영원히 이 집에서 살고자 하는 계획을 갖고 계십니다. 주민 여러분, 부디 잠시 짬을 내셔서 이 새로운 이웃을 환영해 주시기 바랍니다."[81]

가격에 대한 언급은 전혀 없다. 언뜻 보면 실수라 싶겠지만, 이는 고도로 계산된 마케팅 전략이라 보는 편이 맞다. 한 동네 사람으로 그 집

---

81 다니엘 핑크. 새로운 미래가 온다. 한국경제신문, 2006

이 얼마에 팔렸는지 정말 궁금한 사람이라면 다른 방법을 통해서라도 그 정도 정보쯤은 충분히 알아낼 수 있을 것이다. 게다가 고만고만한 한 동네 집들의 가격차이란 게 나면 또 얼마나 날 것인가. 잘 팔아 드리겠다는 얘기는 모두 립 서비스일 뿐이다. 따라서 판매 가격은 더 이상 차별화 수단이 되지 못한다. 오히려 그보다는 사람들의 마음을 움직일 수 있는 다른 전략이 필요하다. 그래서 수십 년간 지내온 정든 집을 떠나야 하는 이들의 감성을 자극하는 하이터치 마케팅이 성공을 거둔 것이다.

스토리가 있는 와인,
빅타투 레드

"어떤 스토리를 들려줘야 할지 아는 마케터들이 계속해서 보랏빛 소를 만들어 내는 것은 결코 우연이 아니다. 두려움에 떨지 말고 그저 당신이 생각해 낼 수 있는 최고의 스토리를 들려줘라. 나머지는 스토리가 알아서 할 것이다."[82]

수많은 브랜드들이 경쟁하는 와인 시장. 비슷한 맛과 향을 갖고 있는 와인들 사이에서 빅타투 레드와인을 특별하게 만드는 것은 다름 아닌 그 스토리이다. 빅타투 레드와인에는 자신을 뽐내는 미사여구들이 아니라 이런 문구가 적혀 있다.

"이 포도주를 세상에 내놓겠다고 결심한 사람은 에릭 바돌로메와 알렉스 바돌로메 형제였습니다. 훌륭한 포도주를 생산하기로 결심한 알렉스는 좋은 재료를 찾고, 에릭은 예술적인 라벨을 만들었습니다. 바돌로메 형제에게 포도주란, 생계 수단이라기보다는 암에 걸려 일찍 세상을 떠난 어머니를 기리고자 하는 깊은 목적이 있었습니다. 알렉스와 에

---

[82] 세스 고딘. 마케터는 새빨간 거짓말쟁이. 도서출판 재인, 2007

릭은 빅타투 레드가 팔릴 때마다 한 병에 50센트씩 릴리아나 바돌로메 여사의 이름으로 노던뉴저지 호스피스 및 여러 암 연구재단에 기부하고 있습니다. 여러분의 지원 덕분에 저희는 첫 해 판매고에서 약 7만 5,000달러를 기부할 수 있었으며 앞으로는 더 많은 돈을 기부할 수 있을 것으로 생각합니다. 알렉스와 에릭은 그들의 어머니 이름으로 빅타투 레드를 구매해 주신 당신께 감사의 말씀을 드립니다."[83]

스토리를 전하는 것이 판매 전략의 중요한 부분이 되고 있다. 소비자들은 단순히 와인을 사는 것이 아니라 그 와인에 담긴 이야기를 사는 것이다. 소비자들이 제품이 아니라 이야기를 산다는 것은 가장 멋진 이야기를 제공하는 자가 승자가 된다는 것을 의미한다.

83 다니엘 핑크. 새로운 미래가 온다. 한국경제신문, 2006

사회적 책임을 다하는 기업 '머크'

한때 전 국민을 공포에 몰아넣었던 신종 인플루엔자 탓에, 우리 정부는 치료제인 타미플루의 판매사인 로슈와 힘든 협상을 해야만 했다. 가격을 낮추기 위한 협상이 아니라 하나라도 더 구입하기 위한 협상이었다. 이는 비단 우리나라에 국한된 것이 아니라 전 세계적인 현상이었다. 그 결과 2009년 타미플루 매출은 2조 원이 훨씬 더 넘는 것으로 알려졌다. 우리나라 제약업계의 지존이라 할 수 있는 동아제약의 전체 매출이 7천억 정도라는 점을 감안해 보면 어마어마한 수치임을 알 수 있다.

물론 제약기업들의 대박 신화는 천문학적인 연구비 투자와 수많은 실패를 밑거름으로 생겨난 것임을 부정할 순 없다. 안정적인 수익이 보장되지 않는다면 또 다른 투자가 이어지지 못한다는 것도 사실이다. 하지만 높은 비용을 부담하기 힘든 개발도상국들의 원성을 접하다 보면 이들 제약기업의 이윤 추구를 어느 선까지 허용해야 하는지 고민이 생긴다. 아울러 생명을 담보로 고자세를 취하는 제약기업들의 기업윤리에 대한 근본적인 의문이 제기되기도 한다.

하지만 치열하고 상업적인 제약 분야에서도 아름다운 이야기는 존재한다. 바로 제약회사 머크(Merk)의 이야기다. 머크는 북미 쪽에서만 쓰이는 이름이고, 그 외의 모든 해외 법인은 MSD(merck, sharp & dohme)로 불린다.

1978년, 머크는 멕티잔(Mectizan)이라는 신약 개발에 성공했다. 이 제품은 흑파리 떼에 의해 시력을 잃는 회선 사상충(絲狀蟲) 예방에 뛰어난 효과가 있었다. 그러나 이 질환은 아프리카 지역에서 주로 발생하는 풍토병이라 머크 입장에선 매력적인 제품이 되지는 못했다. 왜냐하면 이 지역 주민들이 치료약을 구입할 경제적 능력이 없었기 때문이다. 그러나 머크는 1987년부터 아프리카 주민들에게 무상으로 약을 공급하기 시작했다. 머크의 이런 결정에는 무엇보다도 기부가 장기적인 관점에선 '투자'라는 생각을 경영진들이 가지고 있었기에 가능했다. 비록 지금은 도움을 주지만, 언젠가는 아프리카 주민들도 머크의 중요한 고객이 될 수 있을 것이라는 기대를 갖고 있었다. 그 다음으로 중요한 점은 직원 만족도였다. 경영진들은 내부 고객인 직원들에게 자부심을 심어줄 수 있을 때 이들을 통해 다른 외부 고객들도 만족시킬 수 있을 것이라는 생각을 하고 있었다. 돈이 안 될 줄 뻔히 알면서도 그 약을 개발하고 공짜로 나눠준 이유를 묻자, 레이먼드 회장은 다음과 같이 대답했다고 한다.

"직원들에게 인류 건강에 도움이 되는 약품을 만들자고 다짐해 놓고 정작 회사가 돈이 안 된다는 이유로 약품 개발을 포기한다면 직원들에게 어떤 메시지를 주겠습니까?"[84]

기업의 사회적 책임이 그 기업의 명성을 결정한다. 사회적 책임을 다

---

[84] 박재홍. 논어 품질경영. 이화여자대학교 출판부, 2007

하는 기업의 경우 주주 가치도 상승한다. 실제로 머크는 화이자(Pfizer), 글락소 스미스 클라인(Glaxo Smith Kline), 브리스톨마이어스 스큅(Bristol-Myers Squibb) 등 경쟁 업체보다 덩치는 작지만 주가는 2~3배 높다. '사회적 책임을 다하는 기업'이라는 평가가 머크의 주가를 탄탄하게 견인하고 있다. 이에 덧붙여 돈 안 되는 신약 '멕티잔(Mectizan)'의 훈훈한 스토리가 제약회사 머크를 별처럼 빛나게 해 주고 있다.

사우스웨스트 vs 스티븐스의 멋진 대결

사우스웨스트 항공은 미국 항공사 중 가장 성공적인 기업으로 알려져 있다. 뛰어난 인재를 특별히 많이 뽑는 것도 아니며 급여도 많지 않고, 그나마도 성과급이 아니라 연공 서열에 따라 지급한다. 사우스웨스트 항공이 미국 항공사들 가운데 가장 효율적인 조직으로 움직이고 있다. 실제로 사우스웨스트 항공의 경우 비행기 착륙 후 재이륙 준비에 드는 시간은 20분 정도다. 이때 투입되는 인원이라곤 4명의 지상 요원과 2명의 접수 요원이 전부다. 유나이티드 항공의 경우라면 재이륙에 35분이 소요되고 12명의 지상 요원과 3명의 접수 요원이 투입된다. 동일한 작업에 드는 투입 시간은 57% 수준이며 투입 인력은 40%에 불과하다. 사우스웨스트 항공의 저력은 어디서 나오는 것일까?

사우스웨스트 항공의 직원들은 1992년 3월에 벌어진 일을 아직도 기억하고 있다. 독특한 방식으로 운영되는 사우스웨스트 항공의 정신을 남김없이 보여 주는 상징적인 사건은 '사우스웨스트 vs 스티븐스'의 팔씨름 시합이었다.

　"스티븐스는 사우스캐롤라이나 주 그린빌에 소재한 소형 항공기 판매 및 보수유지 전문회사였다. 이 회사는 '플레인 스마트(Plane Smart: 세련된 비행기)'라는 광고 문구를 오래전부터 사용해 오고 있었는데 사우스웨스트가 '저스트 플레인 스마트(Just Plane Smart: 정말 세련된 비행기)'라는 홍보 캠페인을 시작한 것이었다. 스티븐슨은 사우스웨스트에 이런 사실을 통보한 다음, 골치 아프게 변호사들을 동원하여 몇 달씩 끄는 법정 소송을 할 것 없이 직원들과 언론 매체들이 보는 앞에서 양사 대표의 1 대 1 팔씨름으로 승부를 결정짓자고 제안해 왔다. 3전 2선승제로 하고 승자는 그 광고 문구의 소유자가 되고 패자는 승자가 지정하는 자선 단체에 5,000달러를 기부한다는 조건이었다."[85]

　승부는 1 대 1. 세 번째 승부는 사장인 켈러허와 허월드의 대결이었다. 두 사람의 팔씨름은 10초도 채 걸리지 않았다. 켈러허의 패배였다. 그러나 패자는 없었다. 허월드가 시합 직후 사우스웨스트가 '저스트 플레인 스마트'라는 슬로건을 계속 사용해도 좋다고 발표했기 때문이다.

　흔히 남들이 하는 것처럼 변호사를 동원했더라면 50만 달러 이상의 비용에 오랜 시간이 걸렸을 이번 싸움은 팔씨름으로 결정났을 뿐 아니라 사우스웨스트 항공의 놀이정신을 제대로 보여 주는 상징이 되었다.

　근육 위축증 환자 협회에 1만 달러를, 클리블랜드의 로날드 맥도날드 하우스에 5,000달러 등 모두 15,000달러의 지출이 있었지만, 두 회사가 거둔 홍보 효과는 엄청났다. 두 회사의 독특한 승부에 언론이 열광했으니 말이다. 게다가 미국의 대통령마저도 이 이벤트에 무척 매료되어 편지를 보내왔다.

85　케빈 & 재키 프라이버그. 너츠!(NUTS). 동아일보사, 2003

친애하는 허브

정말 멋집니다! 커트 허월드와의 멋진 팔씨름 한판은 정말 윈윈 상황이었습니다. 또한 야간 뉴스를 보는 진지한 시청자들에게 아주 코믹한 위안이 되었습니다. 당신의 '패배'에 축하를 보내며.

- 대통령 조지 부시

II
스페이스도 마케팅이다

존이라는 미국인이 멕시코로 여행을 갔다. 그는 호텔에서 잠시
휴식을 취한 후 거리로 나섰다. 거리로 나선 것까지는 좋았는데
그만 깜박 잊고 손목시계를 호텔에 두고 온 것이다. 때문에
시간을 알 수 없어 곤란했다. 할 수 없이 길가에 앉아 있는
멕시코 인에게 시간을 물어보았다. 그러자 멕시코 인은 자신의
옆에 서 있는 당나귀의 고환을 살짝 들어올렸다. 그러고는
천천히 "지금은 3시 15분이오."라고 답변해 주었다.
존은 곧장 호텔로 돌아와 시계를 보았다. 그런데 멕시코
인이 얘기한 시각이 맞은 것이 아닌가. 이상해서 이번에는
손목시계를 차고 그 멕시코 인에게로 다시 찾아갔다. 멕시코
인은 '또 왔소?' 하며 당나귀의 고환을 치켜들며 "지금은 4시
35분이오."라고 답변하는 것이 아닌가.
손목시계를 보니 정확하게 맞았다. 정말 이상해서 견딜 수
없었다. 존은 멕시코 인에게 큰돈을 쥐어 주며 애원했다.
"어떻게 그렇게 알 수 있는 것인지 그 방법을 제발 나에게도 좀
가르쳐 주시오."

멕시코 인은 무표정한 얼굴로 이렇게 말했다.
"여보시오, 여기 앉아서 당나귀의 고환을 들어 보시오."
존은 그 말대로 했다. 그러자 당나귀의 다리 사이로 교회의
시계탑이 보이는 것이 아닌가.[86]

이 멕시코 인은 참으로 대단한 터를 잡았다. 대단한 스페이스
마케팅이지 싶다.

86 윌슨 프로랜스. 좋은 인생 좋은 습관. 휘닉스, 2009

노드스트롬 피아노

겉만 봐서는 노드스트롬 백화점은 메이시Macy′s, 블루밍데일
Bloomingdale′s, 로드 앤 테일러Lord & Taylor 백화점과 비슷하다.
건물 생김새도 그렇고 그 안에서 판매하는 여러 가지 상품 내용을 봐도
비슷비슷하다. 도무지 별 차이가 나지 않는다. 노드스트롬 백화점의 직
원들이 남다른 서비스를 제공하는 것으로 익히 알려져 있기는 하지만,
요즘 그 정도 서비스 안 하는 곳이 어디 있는가. 그렇다고 보면 노드스
트롬의 서비스 수준도 다른 백화점과 비교해 볼 때 고만고만한 수준임
을 알 수 있다. 가격 면에선 더더욱 유사하다. 같은 지역에 소재한 백화
점 중 한 곳이 유독 비싼 가격 정책을 고수하긴 어렵다. 그것도 동일한
제품에 관해서라면 거의 치명적이다. 그 때문인지 몰라도 이 백화점의
가격 수준은 경쟁 백화점과 비교해 볼 때 비슷한 수준이다.

다시 한 번 정리해 보자. 시설도 엇비슷하고 서비스도 엇비슷하고 가
격도 별 차이가 없는 몇 개의 백화점들이 있다. 그런데 이상하다. 유독
이중 한 백화점에 손님들이 몰린다는 점이다. 바로 노드스트롬 백화점
이다. 왜 그럴까? 지금 당장 유튜브(YouTube)에 접속해(http://www.

youtube.com) 'Nordstrom piano'를 쳐보면, 노드스트롬 백화점 매장에 놓인 피아노와 그곳에서 연주하는 연주자와 이를 지켜보는 백화점 방문객들을 확인할 수 있다. 마이클 레빈은 그의 저서『깨진 유리창 법칙』에서 노드스트롬 백화점의 특별함은 바로 이 피아니스트 때문이라고 말한다.

"고객들이 가장 많이 오가는 노드스트롬 백화점의 노른자 자리에서는 쇼핑중인 사람들에게 방해되지 않을 정도의 아름다운 음악 소리가 흘러나온다. 물론 생음악이다. 피아노 연주의 효과를 수치로 측정하거나 글로 서술하기는 어렵다. 하지만 고객들이 피아노 근처를 지날 때 미소를 짓는 모습을 관찰할 수는 있다. 그들은 잠시 걸음을 멈추고 음악에 빠져들기도 한다. 한 곡이 끝나면 박수 소리가 들린다. ……이제 피아노는 노드스트롬의 상징이 되었다. '노드스트롬 피아노'라고 말하면 대부분 그 뜻을 알아차린다. 노드스트롬 피아노는 고객에 대한 헌신을 상징한다."[87]

우리나라의 대형 마트들은 진열대에 줄을 달아 상품을 매달아 놓거나 혹은 에스컬레이터 주변 공간에까지 상품을 진열해 소비자들의 '추가 구매'를 유도하느라 열심이다. 그런 관점에서 보면 백화점에, 그것도 매장의 중심부에 피아노를 가져다 놓은 것은 좋은 결정은 아닐 수 있다. 오히려 매대(販帶)를 한 곳이라도 더 만들어 평당 매출을 올리는 것이 올바른 마케팅일 수 있다. 더욱이 피아노 연주를 위해서는 연주자가 필수적이다. 어디 필요한 연주자 수가 한 명뿐이겠는가. 영업 시간 내내 연주가 이어지게 하기 위해서는 여러 명의 연주자가 필요하다. 그러니

---

[87] 마이클 레빈Michael Levine. 깨진 유리창 법칙. 흐름출판, 2006

그에 따른 인건비 부담이 적지 않을 것이다. 하지만 노드스트롬은 고객의 기대를 뛰어넘는 스페이스 구성을 통해 어떤 백화점도 시도하지 못했던 고객 서비스를 제공하게 되었다.

후발 주자가 승리하는 방법

영국의 항공학자 란체스터는 1, 2차 세계대전의 공중전을 분석한 결과, 성능이 같은 아군 전투기 5대와 적군 전투기 3대가 공중전을 벌인다면 최종적으로 살아남는 아군 전투기는 2대가 아니라 그 차이의 제곱인 4대가 된다는 것을 알아냈다. 전투력의 차이는 격차의 산술적 차이가 아니라 그 제곱만큼 벌어진다는 것이 란체스터 법칙이다. 언뜻 보면 강자가 유리하다는 당연한 얘기인 것처럼 보이지만, 이 법칙은 약자가 강자와 동일한 장소, 동일한 무기, 동일한 방법으로 정면대결을 벌여서는 안 되며 전투 조건을 다르게 가져가야만 싸움에서 이길 수 있다는 것을 시사하고 있다.

약자가 강자를 이길 수 있는 방법에는 무엇이 있을까? 먼저, 전쟁터를 바꾸는 것이다. 싸우기에 불리한 지형이라면 유리한 곳으로 싸움터를 옮겨야 한다. 전쟁터를 바꾸지 못한다면 어떻게 할까? 그때는 무기를 바꿔서 싸워야 한다.

"미래학자인 앤드루 졸리(Andrew Jolie)는 '구글과 애플을 비롯한 후발 주자는 단순히 경쟁의 조건을 정의하는 게 아니라 경쟁의 정의를 다시금 새롭게 함으로써 업계를 주도하고 있다'고 말한다. 〈비즈니스위크〉 또한 '첫 번째 주자의 어드밴티지는 잊어버려라. 구글은 첫 번째 검색엔진 업체가 아니라 단순화와 앞선 기술로 무장한 기업이다'라고 말한다."[88]

영화업계에서 후발 주자였지만 영화업을 재정의하면서 업계를 주도하고 있는 기업이 있다. 1990년대 중반 국내에 처음으로 멀티플렉스 상영관으로 치고 나오며 우리나라 영화 유통의 주도권을 거머쥔 CGV가 그 주인공이다. 사업 초기, CGV에게 기존의 극장들은 상대하기 힘든 엄청난 큰 산이었다. 그래서 그들은 어떤 영화관을 만들 것인지 고민했다. 기존의 극장들이 지배하는 시장을 뒤집을 수 있는 방법이 무엇인지 고민했다. 이 과정에서 내린 결론은 '기존의 방식으로는 어렵다'는 것이었다. 그들은 '새로운 방식'이라는 돌파구를 찾아야만 했다. CGV가 집중 공략한 부분은 무엇이었을까? 바로 싸움의 방식(장소)을 바꾼 것이다. 기존 영화관들이 따라 하기 힘든 방법을 선택한 것이다. 멀티플렉스 영화관이라는 전혀 새로운 싸움의 장소를 창조해 낸 것이다.

후발 주자인 CGV는 기존의 극장들이 갖추지 못한 환경을 도입하는 데 용이했다. 기존의 시설이라는 장애 요소가 없었기 때문이다. 오히려 새로운 제안을 통해 시장 개척자의 역할을 한 것이다.

"CGV의 성공은 또다시 멀티플렉스 극장이라는 시장을 확대했으며, 멀티플렉스 극장이 우후죽순처럼 생겨났다. 이들 후발 주자들은 이미 시장을 석권한 CGV의 시설과 경쟁해야 했으므로 좀 더 차별화된 공간과 자기만의 공간적 특성을 만드는 데 주력해야 했다. 하지만 이후 건립

---

88 이장우, 황성욱. 마케팅 빅뱅. 위즈덤하우스, 2009

된 여러 멀티플렉스 극장 가운데 차별화로 성공한 사례는 많지 않다. 후
발 주자들은 CGV가 보여준 화려한 색감과 구성을 모방함으로써 오히
려 소비자들에게 CGV의 이미지를 더욱 강화시키는 역할을 했다."[89]

89 홍성용. 스페이스 마케팅. 삼성경제연구소, 2007

좋은 기억을 남기는 MRI

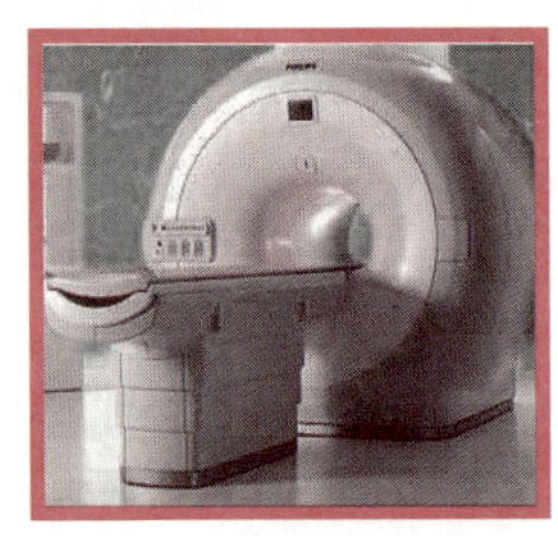

고객들은 점점 더 색다른 경험을 원하고 있다. 이는 사람의 목숨을 다루는 긴박한 의료 현장도 다르지 않다. 환자들에게도 색다른 경험이 의료 서비스 만족의 중요한 기준이 된 것이다. 의료장비 분야의 선두 기업 중 하나인 필립스가 애쓰고 있는 것이 바로 이런 부분이다. 필립스 메디컬은 시카고에 있는 루터 어린이 종합병원과 손잡고 캣 스캔, MRI, 엑스레이 기기 같은 진단용 영상장비에 대한 인식을 바꾸고자 노력 중이다. 기계가 중심이 아니라 사람(환자)이 중심이 되는 새로운 영상장비를 모색 중인 것이다.

지금까지 진단용 영상장비에서 환자가 참여하는 부분은 거의 없었다. 옷을 벗고, 눕고, 기대고, 그리고 한동안 숨을 멈추고 가만히 있기만 하면 되었다. 그런 영상장비를 새롭게 하려는 필립스의 목표는 '촬영 과정에 환자에게 특별한 경험을 제공하는 것'에 있다. 그러기 위해서는 환자가 중심이 되어 참여하는 방식으로 장비를 설계해야 했다.

구체적으로 필립스의 디자인 담당이사 조지 마마로풀러스와 그의 팀은 환자에게 주도권을 되돌려 주기 위해 '환경 조명 체험'이라는 아이디어를 생각해 냈다. 병원이라는 틀을 벗어나 호텔 같은 분위기로 바꾼다는 것이 주된 아이디어이다. 예를 들면, MRI 속에 환자가 들어가 누으면 색다른 영상을 디스플레이시키는 것이다. 수족관이나 바다 또는 우주 공간 등 사전에 환자가 희망한 영상을 검사가 진행되는 동안 MRI 내부 화면에 띄우는 방식이다. 영상뿐 아니라 음악이나 영화까지 선택할 수 있다. 무시무시한 의료장비가 아니라 본인이 원하는 음악과 영상, 조명을 쏟아 내는 환상적인 기기로 변하는 것이다. 환자들은 순식간에 마음의 안정을 얻을 수 있을 것이다.

비록 개선할 부분은 많지만 기계가 아니라 사람에 초점을 맞추고 기계적 정밀함 대신에 환자의 감성에 신경 쓰려는 시도는 높이 살 만하다. 실제로 새 장비를 통해 환자들은 검사 과정에서 느꼈던 불안과 두려움이 크게 준 것으로 나타났다.

"촬영실에서 할 수 있는 이러한 일들은 병원 전체로 확대할 수도 있다. 병원의 복도는 자연 채광이 부족해서 이상적인 근무 환경이 조성되기 힘들다. 마마로풀러스가 생각한 것은 필립스의 기술을 이용해 하루 동안에 비추는 자연광의 리듬을 그대로 재현하는 조명을 만드는 일이다. 그 공간에 향을 더한다면 환경 조명 체험 수준도 더욱 향상될 것이다. 마마로풀러스가 자신의 마법 같은 기술을 주차 공간이나 대기실, 의사의 집무실과 병실에까지 적용할 수 있다면, 언젠가는 환자들이 병원에 가기를 고대하는 날이 올지도 모른다."[90]

---

90 패트릭 한런. 열광의 코드. 명진출판, 2006

워렌 버핏의 신문 배달

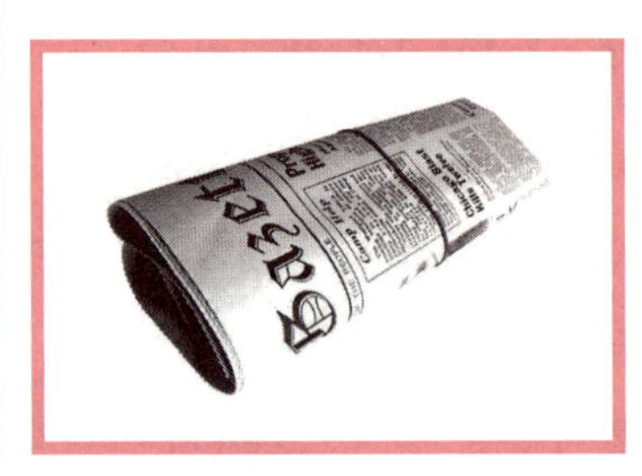

"우리 시대 살아 있는 투자의 전설이라 추앙받는 워렌 버핏은 14세에 이미 사업가적인 면모를 보였는데 신문 배달로 많은 돈을 벌었다. 일반적인 배달 시스템은 한 사람이 같은 신문을 전 구역에 모두 배달하는 방식이었다. 그러나 버핏은 각종 신문의 배달원들을 모아 구역을 세분화한 후 각자 구역에서 여러 신문을 배부하도록 했다."[91]

어린 버핏은 기존의 배달 '공간'을 효율적으로 변형함으로써 더 큰 부가가치를 창출할 수 있다는 점에 주목한 것이다.

그런가 하면 새로운 스페이스 전략으로 예전이라면 절대 가능하지 않았던 경쟁 업체 간 '한 지붕 두 가족'으로 큰 시너지를 내는 곳도 있다. 동탄 신도시에 있는 삼성의 디지털프라자와 LG의 하이프라자가 그 주인공이다. 가전업계의 경쟁 관계에 있는 두 업체는 2008년 6월, 경기도 화성시 동탄 신도시에 두 층에 걸쳐 총 500m²의 매장을 임대해 전자전문 직영점을 오픈한 것이다. 상대 업체에게 시장을 잠식당할 수 있

---

91 빌 게이츠, 워렌 버핏. 빌 게이츠 & 워렌 버핏 성공을 말하다. 월북, 2004

다는 당초의 우려와 달리 두 직영점은 쏠쏠한 재미를 보고 있다.

"고객이 찾는 품목이 없으면, 상대편 회사 제품을 소개해 주기도 하고 신도시 입주민을 겨냥한 마케팅 정보도 서로 교환한다. 1회 방문으로 국내 가전 대표 브랜드 두 곳을 모두 만날 수 있다는 장점과 연결되어 고객들의 발길도 더 잦아지고 있다."[92]

92 김진동. 이기는 습관2. 쌤앤파커스, 2009

물리적 스페이스의 소멸

우리나라의 인천공항에 해당하는 인도의 간디 국제공항 인근 정보기술 단지에는 GE 캐피털의 콜센터가 있다. 미국 고객들의 상담을 받아주는 콜센터가 지구 반대편 인도에 있다는 건 어찌 보면 넌센스다. 미국과 인도 간에는 정확히 12시간의 시차가 있다. 다시 말해 미국 사람들이 침대에서 일어나는 그 시간에 인도 사람들은 잠자리에 들어야 하는 그런 관계이다.

그럼에도 불구하고 영어를 공용어로 쓰고 있는 인도, 인건비가 미국의 5분의 1도 안 되는 인도는 무척 매력적이다. 이미 GE의 소프트웨어 중 약 절반 정도가 인도에서 개발되고 있다. 모건스탠리, JP모건 체이스 등은 회계와 재무 분석 등의 업무를 인도에 있는 MBA에게 맡기고 있다. 심지어 미국의 병원에서 찍은 검사 결과를 인도에 있는 방사선 전문의가 판독하고 있는 실정이다. 그렇게 보면 GE 캐피털이 미국 고객들의 신용카드 체납 사실, 대출 및 보험 관련 민원을 인도 현지의 콜센터 직원에게 맡기지 못할 이유가 하나도 없다. 실제로 이들의 연봉은 3,000달러 내외로 미국의 6분의 1 수준에 불과하다니 더더욱 그러하다.

물리적 스페이스의 제약이 사라지면서 전 지구적인 경쟁이 가속화되고 있다. 인도에 소재한 GE 캐피털이 치열한 경쟁을 단적으로 보여 주고 있다. 그러다 보니 미국의 법률 온라인 서비스는 과거 변호사나 법무사가 고가를 받고 해 오던 서비스를 아주 싼 가격에 처리해 주고 있다. 미국의 Lawvantage,com 같은 회사는 법률 양식과 기타 서류 작성에 불과 14.95달러만 받고 있다. 더불어 뉴욕에는 24시간 법률 서비스를 제공하는 로펌도 있다고 한다. 전에는 상상하기 힘든 일들이었다.

그런가 하면 새로운 기술의 채택으로 사라지는 공간적 스페이스도 있다. 인터넷 서점의 대표 주자 아마존(AMAZON)이 장기적으로 주문형 인쇄 방식(print-on-demand)을 계획하고 있기 때문이다. 주문형 인쇄 방식이란 고객이 최종적으로 구매를 확정하기 전까지, 즉 구매 시점까지 책을 디지털 파일 형태로 유지하는 것이다. 하지만 구매를 결정하면 사람들은 그것을 언제든지 레이저 프린트로 출력할 수 있고, 무선제본 형태로 제작할 수도 있다.

이 방식에 의하면 아마존이 보유한 디지털 제품(파일 형태의 원고)은 고객이 원할 때만 물질에 기반을 둔 제품(종이에 인쇄된 책)으로 형태를 바꾸어 고객에게 전달된다. 파일 형태로 보관하는 것이라 아마존이 부담해야 할 재고 비용은 제로에 가깝다. 이것은 매우 효율적인 생산 방식이어서 언젠가는 지금까지 제작된 모든 책에 적용될 가능성이 있다. 이런 방식이 지배적이 될 경우 물리적인 스페이스의 필요성은 크게 줄어들게 될 것이다.

I2
공익을 마케팅하라

아직도 적지 않은 사람들이 비영리 조직의 수익 추구에
거부감을 갖고 있는 것이 사실이다. 하지만 경제적 자립 없이
존속할 수 있는 조직은 없다. 그건 비영리 조직도 예외가
아니다.

"경제적 자립이 불가능하다면 지속 가능한 공익 서비스도
불가능하다. 그러므로 안정적 재원을 보장하는 적정한 수익이
창출되어야 한다. 이것은 경영이 필요하다는 뜻이다. 공익 역시
수익경영이 필수적이다. 반면에 수익에 대한 집착이 적절한
한계를 넘어서면 공익을 빙자한 수익활동이라 할 수 있다.
이것은 또 다른 의미의 '공익의 실패'라 불릴 수 있다. 공익과
수익의 균형과 조화는 모든 비영리 공익 조직의 핵심 과제인
것이다."[93]

93 구본형. 공익을 경영하라. 을유문화사, 2006

아마존 펀드

브라질은 아마존이라는 엄청난 원시림이 가득한 정글이 있는 나라다. 밀림인 이곳은 전 세계 산소 공급량의 20%를 담당하는 '지구의 허파'나 다름없다. 따라서 함부로 개발해서도, 마구 파헤쳐서도 안 되는 특별한 곳이다. 그러다 보니 세계인들을 위해 브라질이 희생해야 하는 상황이 되고 있다. 그 대안으로 브라질 정부는 아마존 개발 대신, 전 세계를 대상으로 '아마존 유지비'를 받아 내기로 했는데, 그 명칭이 '아마존 펀드'이다.

아마존의 삼림 유지를 위해 조성 중인 아마존 펀드는 기금 마련이 순조로운 편이다. 2021년까지 210억 달러 조성을 목표로 한 아마존 펀드에는 전 세계 민간 단체와 기업들의 성금이 답지하고 있다. 노르웨이는 2015년까지 10억 달러를 기부하기로 약속했고, 독일, 일본, 스위스, 미국도 기부를 검토하는 등 아마존 열대 밀림 보존을 위한 전 세계적인 협조가 이루어지고 있다. 브라질 정부가 제안한 아마존 펀드는 그러한 세계적인 협조의 중요한 시발점이 되고 있다.

뉴욕필하모닉의 특별한 리허설

미국에서 가장 권위 있는 오케스트라 뉴욕필하모닉은 그 저변을 넓히기 위해 특별한 노력을 기울이고 있다. 바로 매주 수요일 오전에 열리는 리허설이 그것이다.

리허설은 실제 공연과 거의 유사하게 진행된다. 실제 공연과 다른 점은 단원들의 복장이 상대적으로 간편하다는 점뿐이다. 형형색색의 자유복에 편안해 보이는 청바지도 드물지 않다. 하지만 팽팽한 긴장감과 연주 실력 등에서는 실제 공연과 똑같다. 이 리허설 공연 관람료는 20달러를 넘지 않는다. 누구나 볼 수 있는 20달러짜리 특별 공연은 뉴욕필의 서포터즈를 양성하는 중요한 수단이 되고 있다.

음악에 관심이 많은 가난한 학생이나 형편이 넉넉치 않은 음악 애호가들이 주로 공연을 보러 오지만, 리허설 공연을 통해 생애 최초로 클래식 공연을 접하게 된 일반인도 적지 않다. 결국 이들 모두는 뉴욕필을 사랑하고 지원하는 서포터즈가 된다. 시에서 뉴욕필의 예산을 삭감하려 할 때, 혹은 뉴욕필의 활동 영역을 넓히기 위해 여론의 도움이 필요할 때 앞장서서 돕는 사람들이 바로 이들이다. 정식 공연이라면 100달

러 이상을 내야 경험할 수 있는 최고 수준의 연주를 뉴욕필은 리허설 공
연이라는 이름으로 가난한 음악 애호가들에게 선사하면서 스스로를 마
케팅하고 있는 것이다.

존 우드의 히말라야 도서관 프로젝트

당신은 존 우드의 프로젝트에 뽑히셨습니다. 저는 히말라야를 등반하는 동안 그 지역 학교를 방문하는 기회를 얻었습니다. 작은 산장에서 저녁을 먹다 파수파티라는 남자를 만났습니다. 그는 람중이라는 외딴 지방의 학교를 관리하는 학교 행정관입니다. 미국의 학교 행정관은 책상에서 사무를 보겠지만 그는 산간 마을의 학교를 방문하기 위해 매일 16킬로미터나 되는 험한 산길을 걷고 있습니다. ……학교들은 교재가 부족합니다. 제가 구겨진 시드니 엽서를 선생님들에게 드렸더니 그들은 교실 벽을 장식하고 있는 세계 지도에 그 엽서를 참고자료로 붙여도 되는지 물을 정도였습니다. 또 저는 도서관을 방문했습니다. 명색이 그 지역에서 가장 큰 학교임에도 도서관에는 책이 스무 권이 채 안 되었습니다. ……당신의 어린 시절에, 그리고 당신의 아이에게 많은 책들이 어떤 의미인가를 생각해 보십시오. 그리고 책이 없다고 상상해 보십시오. 전 그들에게 훌륭한 도서관이 될 만큼 충분한 도서를 가지고 오겠다고 약속했습니다. 당신이 도움을 줄 수 있는 세 가지 방법이 있습니다.

　1. 어린 학생들이 영어를 배우기에 적절한 책들을 보내 주십시오.

　2. 아이들을 키우거나 동화책이 있는 친구와 가족들에게 메일을 전송해 주십시오. 만일 그 책들을 네팔에 보낸다면 학생들이 수십 번씩 열심히 읽을 겁니다.

　3. 봉투 하나에 5달러에서 100달러를 넣어 보내 주십시오. 제가 어린이 책들을 온라인 소매상이나 중고 서점에서 싸게 구입하겠습니다. 저는 후원금 1달러가 한 권의 책이 되도록 힘쓰겠습니다.

　네팔로 책을 보내는 데 드는 우편요금과 수수료는 모두 제가 부담하겠습니다. 제발 공부하고 싶어 하는 네팔의 어린이들을 기억해 주세요. 그리고 이 아이들을 도와주세요. 당신의 친구들을 동참시켜 주세요. 여기에 조금의 노력으로 당신이 세상을 변화시킬 수 있는 기회가 있습니다. 최악의 선택은 아무것도 선택하지 않는 겁니다. 미리 감사드립니다.

　- 카트만두에서 존.[94]

　존 우드는 사회적 기업가로 꽤 알려진 인물이다. 그는 아시아의 개발도상국에 책을 기증하고 도서관과 학교 설립을 목적으로 세워진 자선 단체 '룸투리드(Room to Read)'의 설립자다. 한때 그는 마이크로소프트 중국 지사의 2인자로 전도유망한 30대 임원이었다. 그러던 그가 우연한 기회에 네팔을 찾게 되었고 거기서 네팔 교육부 공무원이던 중년의 한 남자를 만나면서 그의 인생은 완전히 달라졌다. 1998년 네팔로 가는 비행기에 몸을 실으며 다 쓰러져 가는 교실에서 제대로 된 책 한 권도

94　존 우드. 히말라야 도서관. 세종서적, 2008

없는 너무나 열악한 네팔의 아이들을 위해 평생을 바치기로 결심한 것이다.

도움을 청하는 수많은 편지가 이를 받는 사람의 마음에 얼마나 와 닿을지 생각해 보면 히말라야 도서관을 지은 존의 편지 서두에 있는 '당신은 존 우드의 프로젝트에 뽑히셨습니다'라는 표현이 남다르게 와 닿는다. 이 문구가 편지를 받게 될 사람에게 자신이 특별한 존재임을 인식시키기 때문이다.

존 우드는 많은 사람들의 예상을 깨고 '히말라야 도서관' 프로젝트를 성공적으로 수행해냈다. 히말라야 도서관 프로젝트에 3,000만 달러가 넘는 성금을 끌어모은 것이다. 존 우드가 성공할 수 있었던 이유들 가운데는 앞서 보았던 편지를 활용한 특별한 마케팅을 빼놓을 수 없다. 존 우드의 고귀한 동기와 편지의 힘이 단 한 번도 네팔에 가 보지 못한 사람들로 하여금 내일처럼 나서게 만든 것이다.

마케팅은 치열한 경쟁이 펼쳐지는 영리 조직에만 국한되는 것은 아니다. 하지만 비영리 조직에서 더 필요한 것은 고객이나 기부자들에게 특별한 느낌을 전하는 마케팅이다.

감자탕 교회

비영리 조직의 대표 중 하나인 교회. 그 어떤 조직보다도 왕성한 성장을 거듭해 가고 있지만 교회가 드리우는 그림자도 작지 않다는 것이 한국 교회의 가장 큰 문제다. 하지만 남다른 접근으로 한국 교계에 새로운 희망을 제시하는 교회가 있어 사람들의 주목을 받고 있다. 감자탕 교회라는 별칭을 가진 서울 광염교회인데, 교회 건물이 상가 건물 2층에 있다 보니 아래층 감자탕 간판에 가려 감자탕 교회라 불리게 되었다.

감자탕 간판이 더 커 보일 정도로 작은 교회지만, 이 교회가 한국 교회에 미치는 영향은 적지 않다. 광염교회는 예산의 30%를 구제·장학·선교 사업에 쓰고 있다. 연간 5,000만 원이 넘는 장학금을 지급하며, 개척 교회에 1억 원이라는 거액을 지원하면서도 이 교회는 자기 건물 없이 전세로 지낸다. 모든 재정을 100% 공개하고, 목적 헌금과 찬조금을 멀리하고 오직 십일조로만 구제하고 선교한다.

통장 잔고는 항상 '100만 원'만 남겨 놓는 것을 원칙으로 하는 이 교회, 스스로 움직이는 신자들, 아름다운 목회를 실천하는 목사가 있는 이 교회가 오늘날 한국 교회의 새로운 모델이 되고 있다. 중소 규모 교회들의 한결같은 로망인 양적 성장을 거부하고 오히려 질적 성장을 추구하는 이 교회가 '비영리 조직 교회'의 새로운 길을 제시하고 있는 것이다. 이처럼 비세속적 가치를 중시하는 감자탕 교회는 특별한 10대 비전을 갖고 있다.[95]

- 세계에서 전도비를 가장 많이 지출하는 교회
- 국내외에 100개 이상의 교회를 설립하는 교회
- 100명 이상의 선교사를 지원하는 교회
- 1,000만 장 이상의 전도지를 전하는 교회
- 우리나라에서 구제비를 가장 많이 지출하는 교회
- 100명 이상의 고아와 과부의 생활비를 지원하는 교회
- 1만 가정 이상을 천국 모형으로 만드는 교회
- 우리나라에서 예수님 닮은 인재를 가장 많이 양육하는 교회
- 100명 이상의 목회자를 양성하는 교회
- 100명 이상의 사회 각 분야 최고지도자를 양성하는 교회

교회는 건물이 아니라 결국 사람이다. 교회의 목적은 교회가 아니다. 하지만 시간이 지나면서 교회를 위한 교회로 변질되곤 한다. 교인을 위하는 교회에서 교회를 위한 교인으로 바뀌는 바로 그 순간 주객이 전도된다. 비영리 조직도 마찬가지다. 숭고한 목적이 어느 순간 사라져 버리고 조직이 목적의 전부가 되어 버리는 순간, 순수했던 의미도 퇴색되고 만다.

---

95 양병무. 감자탕교회 이야기. 김영사, 2005

'생명의 모자 뜨기' 캠페인

사람들의 마음을 움직이지 못하면 절대로 그들의 지갑을 열 수 없다. 그렇다면 무엇으로 사람들의 마음을 움직일 수 있을까? 사람의 마음을 움직이는 가장 큰 힘은 사랑이다

국제 아동구호 단체인 '세이브더칠드런코리아'는 2007년 11월부터 '생명의 모자 뜨기 캠페인'을 시작했다. 신생아 사망률이 높은 아프리카와 동남아 저개발국 아이들의 체온을 따뜻하게 유지해 줄 털모자를 떠서 보내자는 캠페인이었다. 모자 뜨기 캠페인을 벌이기 전만 하더라도 이 단체의 기부금 모금 실적은 700만 원 정도에 불과했으나 '생명의 모자 뜨기'로 캠페인 방식을 바꾸면서 20배 가까이 수입이 늘었다. 모자 뜨기 세트를 판 돈과 후원금을 합친 1억1,600만 원에다가 전국에서 손으로 직접 뜬 털모자가 2만 1,000여 개나 답지한 것이다.

'하나의 모자가 한 생명을 살립니다'라는 신생아 살리기 모자 뜨기 캠페인은 점차 확대되어 홈쇼핑에도 진출하게 되었다. GS홈쇼핑을 통해 뜨개질 키트를 불특정 다수에게 판매한 것이다. 키트를 사서 손수 모자를 떠 다시 보내 달라는 다소 황당한 주문이었다.

생명의 모자 뜨기는 자선사업이 한 단계 더 진화해 가는 모습을 보여주고 있다. 이들의 활동이 성공할 수 있었던 것은 무엇보다도 마케팅 전략을 적극적으로 활용했다는 데 있다. 수많은 자선단체들이 기부금을 보내 달라며 힘들게 애쓰고 있는 사이에 이들은 '돈 대신 모자를 떠 달라'고 말하고 있다. 저개발국 신생아들의 몸을 따뜻하게 데워줄 털모자를 직접 떠 달라며 사람들의 감성에 호소하고 있다. 자선사업이 한 단계 더 진화한 것이다.

이에 대한 사람들의 반응은 어떤가? 모자 하나 떠달라는데 그것 하나 못 해줄 사람은 별로 없다. 그러다 보니 자연스럽게 많은 사람들이 응낙하게 되고, 그렇게 모자를 하나하나 떠 가는 사이에 행복해지는 자신의 모습을 발견하지 않았을까. '나도 누군가에게 도움이 될 수 있다니!' 하는 흐뭇한 마음에 다른 건 또 도와줄 게 없는지 스스로 찾아보게 되는 것이다. 한 번 모자를 떠 보내면 그 다음엔 모자는 물론 그보다 더한 '돈'도 '시간'도 뭐든지 보낼 수 있게 된다. 그러다 보니 2010년 1월 현재 8만 개가 넘는 털모자가 모아졌다. 그런가 하면 열성 후원자들도 생겨나고 있다.

어느 열성 팬이 블로그에 올린 글이다.

"올해도 어김없이 작년에 참여했었던 생명의 모자 뜨기 캠페인에 참여했다. '신청했는데 왜 이리 안 오나' 했더니 일시 품절이 되어서 일주일도 넘게 기다렸다. 작년에는 하늘색, 연두색 실이 와서 모자를 2개 뜨도록 되어 있었는데 이번에는 보라색이랑 노란색 실이 조금 와서 하나밖에 뜰 수 없었다. 작년에는 꾸미지도 않았고 너무 밋밋하게 만든 터라 보내면서 조금 아쉬움이 남았었는데 '이번엔 정말 예쁘게 만들어 보자!' 하는 마음에 밑단은 노란색, 위는 보라색으로 뜨기로 했다. ……모자는 올해 3~4월경에 '말리 요로쏘'라는 지역에 보내진다고 한다! 아이들이 내가 보낸 모자로 인해 더 큰 힘을 얻었으면 한다."

 # 쇼생크 도서관의 탄생

프랭크 대러본트 감독의 명화 '쇼생크 탈출(The Shawshank Redemption)'의 배경이 된 쇼생크 교도소. 우리에겐 팀 로빈스와 모건 프리먼의 연기로 기억에 남는 1994년에 제작된 이 영화에서 촉망받는 은행 간부 앤디 듀프레인(팀 로빈스)은 교도소장의 비공식 재정 고문으로 활동하면서 궁색한 교도소 도서관을 위해 한 주에 한 통씩 외부 기관에 지원요청 편지를 쓸 수 있도록 허락을 받는다. 하지만 어디에서도 응답이 오진 않았다. 그러기를 수 년째! 앤디의 편지가 끝없이 계속되자 외부 기관에서도 하는 수 없이 소정의 후원금과 함께 약간의 도서를 보내왔다. 거기에는 '제발 편지 좀 그만 보내라'는 부탁의 편지도 함께였다.

너무나 반갑고 감개무량해진 앤디는 그들이 보내온 헌책 더미 속에서 낡은 LP 음반 한 장을 꺼내 턴테이블에 얹어 놓고 교도소 전체로 연결된 스피커를 모두 열어 놓는다. 서장이 잠시 자리를 비운 바로 그 서장실에서 말이다. 잠시 뒤 온갖 악다구니와 폭력이 난무했던 그 교도소 마당에 두 명의 소프라노가 부르는 이중창이 울려 퍼진다. 모차르트의 오페라 〈피가로의 결혼〉에서 수산나와 공작 부인이 부르는 '저녁 바람이 부드럽게'라는 서정적 아리아다. 영화에서는 이 노래를 듣던 동료 죄수 레딩(모건 프리먼 분)의 대사가 이어진다.

"마치 아름다운 새 한 마리가 우리가 갇힌 세상에 날아 들어와 그 벽을 무너뜨릴 것 같았다. 아주 짧은 한순간 쇼생크의 모두는 자유를 느꼈다."

그리고 앤디는 결심한다. 다음부터 일주일에 두 통씩 편지를 쓰기로 말이다. 앤디의 이러한 집요한 노력은 교도소 내에 쇼생크 도서관(정확한 명칭으로는 브룩스 기념 도서관)이라는 기적을 이뤄냈다.

존슨앤존슨의 간호사 캠페인

2002년 당시 미국 대학입학연구센터(NRCCUA)에서는 대학에 지원할 예정인 고교생 100만 명을 대상으로 장래 희망에 대한 조사를 실시했다. 조사 결과 간호사 직종에 대한 선호도가 9위로 예전과 달리 많이 떨어졌다는 사실을 파악했다. 전국적으로 간호사의 인력난이 매우 심각한 상황이었으며, 고교생들의 이와 같은 낮은 선호도는 간호사 부족이 더욱더 심화될 것이라는 신호였다.

많은 사람들이 장래에 간호 인력의 부족 문제가 불러올 문제들에 대해 우려하는 것은 당연한 것이었다. 노령 인구가 증가하는 가운데 간호사들의 절대적인 부족은 보건의료 분야의 가장 큰 문제 중 하나가 될 것이 분명했다. 그런데 어찌 된 영문인지 당초 예상과 달리 2003년 간호사의 인기는 전년의 9위에서 4위로 올라섰다. 1년 사이에 어떤 일들이 일어났던 것일까?

미국 테네시 주 벤더빌트 대학의 조사에 따르면, 생활용품 업체인 존슨앤존슨의 캠페인이 간호사가 부족한 상황에 대한 인식을 높이고, 간호사라는 직업에 대한 긍정적인 인식을 확산시키는 데 중요한 역할을 한 것으로 밝혀졌다.

"2002년 존슨앤존슨은 간호사의 이미지를 향상시키기 위해서 다년 간에 걸친 전국적인 운동을 펼쳤으며, 전문대학 및 종합대학들과 파트너십을 맺고 새 간호사들을 모집했다. 이런 운동에서 장학금은 중요한 요소였다. 2005년 5월까지 존슨앤존슨은 각종 장학금 형태로 700만 달러를 모았으며 회사 웹사이트 디스커버너싱닷컴(discovernursing.com)에 장학금에 대한 다양한 정보를 제공하고 있다."[96]

간호사의 이미지를 향상시키는 것만으로도 간호계에 종사하려는 지원자들의 규모를 크게 증가시킬 수 있었고 그 변화의 기간이 1년여에 불과했다는 사실은 공익 활동들에 시사하는 바가 크다. 존슨앤존슨이 효과적인 이미지 마케팅으로 간호사를 지망하는 학생들의 마음을 사로잡은 것처럼 다른 공익 활동들도 잠재적 후원자들을 끌어들이기 위한 이미지 개선에 투자할 필요가 있다.

96 필립 코틀러, 낸시 리. 필립 코틀러의 퍼블릭 마케팅. 위즈덤하우스, 2007

'텍사스를 더럽히지 마!' 캠페인

미국의 텍사스 주는 풍부한 자원과 대규모 농업 및 목축업을 주요 산업으로 하고 있기에 이곳 사람들의 남다른 기백은 정평이 나 있다. 우리나라보다 세 배나 큰 텍사스 주는 넘쳐나는 고속도로 쓰레기로 몸살을 앓던 중 쓰레기 투기를 줄이려고 다각적인 노력을 기울여 왔다.

처음에는 흔히 하는 방식에 따라 공익광고 캠페인을 펼쳤다. 쓰레기를 아무 데나 버리지 말아 달라, 텍사스 주민으로서의 의무를 성실히 다해 달라는 내용으로 쓰레기 문제의 심각성을 납득시키려 했던 것이다. 막대한 돈을 쏟아부었음에도 그 결과는 참담했다. 고속도로에 쓰레기를 버리는 사람들의 대다수가 18~24세의 젊은 남자들이었는데, 이들에게 자랑스러운 텍사스 주민이 되어 달라는 공익광고가 먹혀들 리 없었다.

주 정부에서는 남다른 기백이 특징인 텍사스 주민들의 마음에 다가가지 않는 한 쓰레기 투기 방지 노력은 공염불임을 깨닫고 마침내 '텍사스에 맞는 거친 말투로 된 제대로 된 슬로건'이 필요하다는 점과 이것을 주민들에게 노출시키는 방법도 텍사스 주민들의 취향에 맞추기로 했다. 한마디로 '텍사스다움'을 강조하는 전략으로 방향을 바꾼 것이다.

반응 없는 청중을 노골적으로 겨냥한 텍사스 주는 인기 풋볼 팀인 댈러스 카우보이(Dallas Cowboys) 선수들을 참여시켜, 그들이 쓰레기를 줍고 맨손으로 맥주 캔을 찌그러뜨리며 "텍사스를 더럽히지 마!(Don't mess with Texas!)"라고 으르렁대는 텔레비전 광고를 제작했다. 또 다른 광고에는 윌리 넬슨(Willie Nelson) 같은 유명 가수들을 출연시키기도 했다.[97]

이제 사람들은 도안 그림에서부터 티셔츠와 커피잔에 이르기까지 "텍사스를 더럽히지 마!"라는 문구가 찍힌 제품을 무엇이든 구할 수 있다. 그중 인기 있는 도안 가운데 하나는 성조기와 텍사스 주 깃발이 그려진 컬러 도안이다.

텍사스 주민의 95%가 "텍사스를 더럽히지 마!"라는 표어를 잘 알고 있다. 위와 같은 슬로건으로 쓰레기 줄이기 캠페인을 벌인 지 1년 만에 쓰레기는 3분의 1 가까이 줄었다. 이러한 영향은 꾸준히 지속되어 6년 후 텍사스 주의 도로변 쓰레기가 72%나 감소하는 큰 성과를 거둔 것으로 집계되었다. 이 모두가 강제가 아니라 주민들의 '텍사스 주민으로의 자긍심'에 호소했던 '텍사스를 더럽히지 마!' 슬로건이 가져다준 결과였다.

97　리처드 탈러, 캐스 선스타인. 넛지(Nudge). 리더스북, 2009

　호소력 있는 메시지를 개발하라

아름다운가게

"2002년 10월에 문을 열어 그해 1억 5,000만 원의 매출을 올렸다. 이후 성장을 계속해 2009년엔 138억 원의 매출을 올렸다. 6년 만에 매출액을 80배로 키웠고, 지금도 같은 추세로 성장하고 있다. 하지만 코스닥에 상장해 돈방석에 앉은 최고경영자도 없고 우리사주 주식을 받아 고급 외제 승용차를 굴리는 젊은 간부 사원도 없다. 많은 사람이 이곳의 성공을 함께 기뻐하고 더 커지기를 기원하는 기업, 바로 '아름다운가게' 얘기다."[98]

규모나 역할 면에서 우리 사회를 대표하는 사회적 기업인 아름다운가게! 후원자들로부터 기증받은 물품을 저렴한 가격에 판매함으로써 우리 사회의 재사용 문화를 정착시켰다는 데서 아름다운가게의 으뜸가는 사회적 의미를 찾을 수 있다. 현재 100호점까지 개장한 아름다운가게에는 2009년을 기준으로 매장당 연간 830만 점의 중고 물품이 기증된다.

---

98 안치용, 이은애, 민준기, 신지혜. 한국의 보노보들. 부키, 2010

2002년 서울 안국점에서 시작해 전국적으로 100호점을 운영 중인 아름다운가게의 전임 직원은 250명으로 가게당 2.5명 꼴이다. 2009년 기준 연매출 138억 원 규모의 아름다운가게는 기증 물품이 재사용되지 않고 그냥 쓰레기로 버려졌을 경우까지 감안한다면 200억 원 가까운 가치를 창출하고 있다고 볼 수 있다.

아름다운가게는 후원자들이 기증한 물품을 판매하고 발생한 수익을 재원으로 어려운 이웃을 돕는 아주 단순한 구조를 가지고 있다. 하지만 '모두가 함께하는 나눔과 순환의 아름다운 세상 만들기'라는 아름다운 꿈에 공감하여 정기적으로 도와주는 자원봉사자가 5,000여 명에 달한다. 덕분에 사업 초기와 달리 온라인과 전화를 통해 기증 의사를 표명한 후원자들을 직접 방문하여 기증품을 수거할 정도의 여력도 갖출 수 있게 되었다. 아울러 대한통운이 '기증품 무료 택배' 서비스로 후원하고 있고, 롯데홈쇼핑은 온라인 쇼핑으로 물건을 배송받은 상자에 아름다운가게로 보낼 기증품을 넣어 보낼 경우 이를 무료로 전달해 주는 '그린 박스 캠페인'을 시행하고 있다.

아름다운가게는 기동성과 접근성을 높이는 방편으로 매장과 기증함 말고도 버스를 개조한 이동 매장, 벼룩 시장, 온라인 쇼핑몰 등을 활용해 시민들과의 접점을 넓혀 나가고 있다. 또한 최근에는 기증품을 받아 판매하는 방식 외에 폐기물로 분류된 재료를 재가공하여 부가가치를 높이는 '에코파티 메아리' 사업을 추진하고 있다. 특히 수공예 분야 사회적 기업과의 연계를 통해 수준 높은 제품을 만들어 내고 있다. 헌 옷, 용도 폐기된 현수막, 낡은 가죽, 과일 상자와 같은 거의 쓰레기에 가까운 재료들이 수공예 작업을 거치면서 친환경 가치와 미적 요소가 어우러진 제품들로 재탄생되고 있는 것이다. 일부 제품은 미국 뉴욕현대미

술관에 전시 판매되기까지 했다.

　재사용 되살림 문화로 아름다운 사회를 실현하는 아름다운가게! 하지만 더 중요한 것은 자원봉사자들이 아름다운가게를 움직이는 주역이라는 사실이다. 이익이 아닌 가치에 공감하는 수많은 자발적 봉사자들을 끌어들이고, 이들과 함께 지속가능한 성공을 만들어내는 아름다운가게에서 우리는 공익 활동의 미래를 발견하게 된다.

지구 입양 프로젝트

지구 입양 프로젝트(The Adopt-A-Planet Project)는 1990년대 영국에서 시작된 것으로, 런던에 있는 '다음 세대를 위한 위원회'가 운영하고 있다. 이 프로젝트는 학교와 학생이 중심이 되어 추진하는데, 학급마다 주변의 특정 지역을 입양해 돌본다. 즉, 파괴되었거나 엉망이 된 지역 혹은 피해를 입은 지역을 입양해 되살리는 것이다.

지구 입양 프로젝트의 주요 사례로, 먼저 영국 잉글랜드 중동부에 있는 링컨셔 홀비치에 있는 조지 파머 스쿨을 들 수 있다. 이곳 학생들은 쓰레기 투기장이 되어 버린 한 연못을 입양했다. 그들은 지역 업자에게 부탁하여 연못의 물을 퍼냈고 연못 주변을 치우고 나무와 들꽃을 심었다. 그러자 경찰과 인근 지역 농부들도 힘을 합쳐 더 이상 무단 투기를 못하도록 연못 일대를 감시했다.

영국 잉글랜드 남서부에 있는 롱스톤 유아학교에서는 지역 내 버려진 놀이터를 입양했다. 그들은 망가진 놀이터에 가득 차 있던 쓰레기를 치우고, 흉물스런 낙서를 지운 후 그 위에 벽화를 덧입혔다. 그리고 주변에 꽃을 심고 쓰레기통도 새로 마련했다. 여기에 소요된 비용을 마련하기 위해 아이들은 크리스마스 캐럴을 부르며 자선기금 모금에 나서기도 했다.

지구 입양 프로젝트를 희망하는 학교에서는 조직 본부에 해당 프로젝트를 등록한 후, 입양 지역이 어떻게 개선되고 있는지에 대한 사진이 담긴 보고서를 제출하면 본부에서는 몇 가지 기준에 따라 우수 학교를 선발하여 상금과 상장을 수여한다.

- 프로젝트를 세우고 실행하는 데 있어 상상력이 얼마나 풍부했는가?
- 학생들이 반 파괴적 측면에 얼마나 초점을 맞추었는가?
- 참을성을 얼마나 발휘했는가?
- 지역의 도움을 받는 일이나, 프로젝트의 자금을 모금하는 일이나, 필요한 경우 해당 기관에 로비하는 일을 얼마나 성공적으로 해냈는가?
- 지구 수호자로서의 이미지(뱃지, 옷, 팻말 등)를 개발하거나, 더 넓은 맥락에서 일을 추진하려는 노력은 어느 정도였는가?
- 지역 언론 매체에서 그들의 노력을 다룬 보도가 얼마나 있었는가?
- 제출한 자료(그림이나 보고서 등)는 얼마나 훌륭한가?[99]

여전히 개발의 논리가 보전의 논리를 앞서는 우리사회에 영국의 지구 입양 프로젝트는 여러 가지로 시사하는 바가 크다. 자라나는 아이들에게 미래 사회와 다음 세대에 대한 책임과 관심을 높일 수 있다는 차원

---

[99] 니콜라스 앨버리 외. 지구를 입양하다. 북키앙, 2003

에서 교육적일 뿐만 아니라 미래 사회의 책임 있는 주체로서 커 나갈 수 있도록 장려한다는 차원에서도 상당히 의미있는 일이다. 생각하기에 따라 지구 입양 프로젝트에서 착안한 다양한 형태의 유사 프로젝트가 나올 수 있을 것이다.

돌론드 앤 애치슨의 '잘 보이는 세상' 캠페인

영국의 돌론드 앤 애치슨은 안경 소매업체로 오랜 역사를 자랑하고 있다. 하지만 안경이 본래의 목적인 시력 개선보다도 패션의 완성 혹은 개성 표현의 수단이라는 기능이 강조되면서 시장은 돌론드 앤 애치슨을 점차 '낡은 구식'으로 평가하기 시작했다. 돌론드 앤 애치슨의 오랜 라이벌이었던 부츠(Boots) 그룹의 부츠 옵티션스(Boots Opticians)는 대규모 구조 개혁과 변신을 단행함으로써 기울어가는 돌론드 앤 애치슨을 압박하는가 하면 새로운 기회를 잡으려는 신생 기업들의 진출도 줄줄이 이어졌다. 스펙세이버(SpecSavers), 스페셜아이스(SpecialEyes), 비전 익스프레스(Vision Express) 등 신규 업체의 진입으로 돌론드 앤 애치슨은 그야말로 사면초가에 놓이게 되었다.

돌론드 앤 애치슨은 이 같은 상황을 공익 마케팅을 통해 돌파해 나가기로 결정했다. 공익 마케팅의 제휴 파트너로 헬프 디 에이지드(Help The Aged)와 연계해 '잘 보이는 세상' 캠페인을 펼쳐 나가기로 한 것이다. '잘 보이는 세상' 캠페인은 개발도상국과 같은 가난한 나라에 살고 있는 사람들을 돕는 것을 목표로 했다.

"어느 집에나 유행이 지나 쓰지 않고 굴러다니는 안경들이 있다. 고객들이 이 안경을 돌론드 앤 애치슨 매장에 갖다 주면 이 안경들을 잘 수리하여 안경을 필요로 하는 사람들에게 준다는 것이다. 이렇게 안경 체인이 수거하여 다시 보수를 거친 안경들은 교도소로 보내졌다. 그리하여 죄수들이 자원봉사 형식으로 이 안경을 시력에 따라 분리하여, 제3세계에서 눈이 나빠도 돈이 없어서 안경을 쓸 수 없는 사람들에게 보내졌다."[100]

이 캠페인을 통해 돌론드 앤 애치슨은 단순한 안경 체인이 아닌 세상을 아름답게 만드는 기업이란 소중한 명성을 얻게 되었다. 이후 '잘 보이는 세상' 캠페인의 안경 수거율이 어느 정도 한계에 다다르자 돌론드 앤 애치슨은 'Save £50' 캠페인을 이어갔다. 쓰던 안경을 기부하고 새 안경을 맞출 경우 최대 50파운드까지 할인해 주는 방식이다. 100파운드 미만의 안경 구입시 10파운드를, 200파운드 미만일 경우 20파운드 등 신규 구입 가격에 따라 할인 금액이 달라지는 이 캠페인을 통해 75만 개의 안경이 모아졌고, 그 결과 안경이 없어 불편하게 생활하던 수많은 개발도상국의 가난한 사람들이 밝은 빛을 경험할 수 있게 되었다. 그 누구도 줄 수 없었던 밝은 시력을 영국의 한 안경 체인이 해낸 것이다.

100 헤미쉬 프링글, 마조리 톰슨. 공익마케팅. 미래의 창, 2003

에코토노하 (Ecotonoha)
캠페인

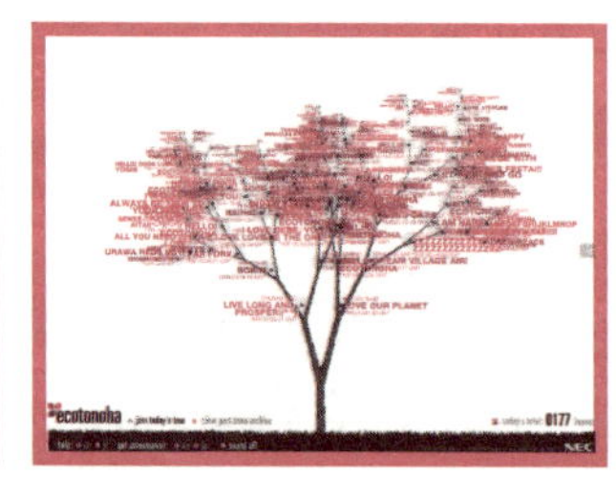

일본의 유명 웹 아티스트인 유고 나카무라는 일본 NEC의 후원 아래 환경 프로젝트 '에코토노하 캠페인'을 운영하고 있다. 환경과 기술이란 단어의 조합으로 만들어진 이 캠페인은 남다른 아이디어와 재미있는 방법으로 많은 사람들의 자발적인 참여를 이끌어 내고 있다.

2003년부터 시행되고 있는 에코토노하 캠페인의 독특한 운영 방식은 홈페이지에 있다. 에코토노하 홈페이지(www.ecotonoha.com)에 접속하는 순간 이용자(접속자) 몫의 가상의 나무가 생기고 그 나무에 나뭇가지 하나가 만들어진다. 한 번 방문에 나뭇가지 하나씩 생겨나는 방식으로 나무는 무럭무럭 자라게 된다. 방문자는 나뭇가지가 하나씩 생겨날 때마다 그 가지에 본인이 쓰고 싶은 '희망의 메시지'를 적을 수 있다. 각각의 메시지는 나뭇잎이 되고 어느덧 이 나뭇잎이 100개가 되면 홈페이지를 운영하는 NEC 측에서는 오스트레일리아 남단의 캥거루 섬에 유칼립투스 나무를 한 그루 심게 되는 것이다.

NEC 입장에선 고객들의 지속적인 홈페이지 방문을 통한 홍보 효과를, 그리고 접속자들은 지구를 살리는 '나무 한 그루 심기'에 동참하는 기쁨을 맛보게 된다. 좋은 일에 뒤따르는 흐뭇함은 에코토노하 캠페인이 주는 덤이다.

에코토노하 사례는 영리를 추구하는 기업 입장에서 상업성과 기업의 사회적 책임이 상호 배타적이지만은 않음을 보여 주는 것이다. 아울러 공익 마케팅의 방법 중 하나로 기업 이익의 사회 환원이라는 새로운 전형을 보여 주는 사례라 할 수 있다.